INFÂNCIAS NEGRAS

Dados Internacionais de Catalogação na Publicação (CIP)
(Câmara Brasileira do Livro, SP, Brasil)

Infâncias negras : vivências e lutas por uma vida justa / Nilma Lino Gomes, Marlene de Araújo (orgs.). – Petrópolis, RJ : Vozes, 2023.

Vários autores.
Bibliografia.

3ª reimpressão, 2024.

ISBN 978-65-5713-797-0

1. Antirracismo 2. Crianças negras – Brasil – Condições sociais 3. Discriminação na educação – Brasil 4. Negros – Educação – Brasil 5. Preconceitos em crianças 6. Racismo 7. Relações étnico-raciais I. Gomes, Nilma Lino. II. Araújo, Marlene de.

22-124247 CDD-305.8

Índices para catálogo sistemático:
1. Crianças : Racismo : Sociologia 305.8

Cibele Maria Dias – Bibliotecária – CRB-8/9427

Nilma Lino Gomes | Marlene de Araújo
(orgs.)

INFÂNCIAS NEGRAS
Vivências e lutas por uma vida justa

EDITORA VOZES

Petrópolis

© 2023, Editora Vozes Ltda.
Rua Frei Luís, 100
25689-900 Petrópolis, RJ
www.vozes.com.br
Brasil

Todos os direitos reservados. Nenhuma parte desta obra poderá ser reproduzida ou transmitida por qualquer forma e/ou quaisquer meios (eletrônico ou mecânico, incluindo fotocópia e gravação) ou arquivada em qualquer sistema ou banco de dados sem permissão escrita da editora.

CONSELHO EDITORIAL

Diretor
Volney J. Berkenbrock

Editores
Aline dos Santos Carneiro
Edrian Josué Pasini
Marilac Loraine Oleniki
Welder Lancieri Marchini

Conselheiros
Elói Dionísio Piva
Francisco Morás
Gilberto Gonçalves Garcia
Ludovico Garmus
Teobaldo Heidemann

Secretário executivo
Leonardo A.R.T. dos Santos

Editoração: Maria da Conceição B. de Sousa
Diagramação: Raquel Nascimento
Revisão gráfica: Alessandra Karl
Capa: Pedro de Oliveira

ISBN 978-65-5713-797-0

Este livro foi composto e impresso pela Editora Vozes Ltda.

Sumário

Prefácio, 7
Cristina Teodoro

Apresentação, 15
Marlene de Araújo e Nilma Lino Gomes

Parte I – Infâncias negras: lutas para a garantia de direitos e vozes quilombolas, 25

1 Infâncias e relações étnico-raciais: a tensa luta pela garantia de direitos em tempos antidemocráticos, 27
Marlene de Araújo e Nilma Lino Gomes

2 O bem-viver e o ubuntu das crianças quilombolas, 61
Patrícia Maria de Souza Santana

3 Hoje é dia de festa maior/êh, viva, êh, viva!, 93
Maria Goreth Herédia Luz, Yone Maria Gonzaga e
Ridalvo Félix de Araújo

4 Camaradas fazem geografias negras na infância e na adolescência, 119
Aline Neves Rodrigues Alves

Parte II – Infâncias negras e famílias: vozes e imagens em movimento, 145

5 Lutas antirracistas: a voz de meninas negras na Educação Infantil, 147
Ademilson de Souza Soares, Lisa Minelli Feital e
Regina Lúcia Couto de Melo

6 Infâncias de mães e de filhas/os: educação das relações étnico-raciais em famílias inter-raciais, 169

Tânia Aretuza Ambrizi Gebara

Sobre as autoras e os autores, 203

Prefácio

*Cristina Teodoro**

É com grande alegria que elaboro o prefácio desta publicação. Ao ler os capítulos que a compõem, foi possível perceber como que o campo de pesquisa sobre relações raciais e infância vem se constituindo no Brasil. Na década de 1950, Virgínia Leone Bicudo, com a pesquisa *Atitudes dos alunos dos grupos escolares em relação com a cor dos seus colegas,* e Aniela Meyer Ginsberg, com a pesquisa *Sobre as atitudes de um grupo de escolares de São Paulo em relação com as crianças de cor,* inauguram esse campo epistemológico no Brasil no escopo do projeto de pesquisa da Unesco, que teve como um dos maiores legados em seus resultados evidências significativas de que o Brasil não vivia uma "democracia racial", como era divulgado e reconhecido internacionalmente. O país era marcado por conflitos e por grandes desigualdades sociais entre os diferentes grupos étnico-raciais que formavam e formam a sociedade, em especial, entre negros e brancos. No entanto, é a partir da década de 1980 que o campo de pesquisa começa a ganhar solidez, amplitude, diversidade de perspectiva e regularidade.

---

* Professora-adjunta efetiva da Universidade da Integração Internacional da Lusofonia Afro-Brasileira (Unilab). Campus dos Malês/BA. Coordenadora do Grupo de Pesquisa Educação, Infância e Diferença em processos pós-coloniais (Geidpp). E-mail: cristina.teo doro@unilab.edu.br • Orcid: https://orcid.org/0000-0003-2935-1085

A leitura possibilitou refletir que as pesquisas sobre relações raciais e infância é parte constitutiva do amplo debate sobre relações raciais no Brasil, já que, desde as primeiras desenvolvidas na década de 1950 até as mais atuais, há evidências dos modos de socialização das crianças, articulados ao preconceito, à discriminação, às desigualdades e ao pertencimento étnico-racial. É possível afirmar que a entrada em cena, na década de 1970, do Movimento Negro Unificado (MNU) que golpeou de maneira incisiva a "democracia racial" e reintroduziu a ideia de raça, reivindicando a origem africana para identificar os negros, foi decisiva para que, como sinaliza Silvério (2005) ao analisar os avanços da Constituição Federal de 1988, ocorresse o reconhecimento da pluralidade cultural da nação, lançando bases para a transição de "um país de uma 'só raça', de 'um só povo', para um país de 'múltiplas culturas', de 'várias etnias e raças'".

Assim, a década de 1980, que resultou na redemocratização do país, foi um marco na história do Brasil tanto no que se refere às relações raciais quanto no olhar sobre as diferentes infâncias e crianças como parte da sociedade brasileira. Se até aquela década a infância pobre era tratada de forma homogênea, a partir daquele momento emerge a criança negra, principalmente nas pesquisas e no campo jurídico. As pesquisas realizadas a partir da década de 1990 passam a evidenciar as desigualdades existentes entre as crianças pertencentes aos diferentes grupos étnico-raciais, demonstrando maior impacto sobre a infância e a adolescência daqueles com pertencimento étnico-racial negro. Nos anos subsequentes, além dos órgãos governamentais brasileiros, organismos internacionais passaram a desenvolver pesquisas com certa regularidade, como, por exemplo, aquelas realizadas pelo Fundo das Nações Unidas para a Infância (UNICEF, 2010, 2019). Em 2019, de acordo com a pesquisa, as crianças negras eram mais afetadas pela privação extrema de direitos básicos (educação, saúde, moradia, saneamento, entre outros), representando 23,6% em relação a 12,8% das crianças brancas, do universo pesquisado. Dados de pesquisa recente, 2020, divulgados no relatório da 14º edição do Anuário Brasileiro de Segurança Pública, desenvolvida pelo Fórum Brasileiro de Segurança Pública, em parceria com o Fundo das Nações Unidas para a Infância no Brasil, chamam a atenção. Os dados desagregados por cor/raça indicam que os negros representam 75,28% das crianças e adolescentes entre 0 a 19 anos vítimas de mortes violentas intencionais no Brasil. Em todas as faixas etárias, o número de vítimas negras é maior do que o número de vítimas brancas. Ainda, pesquisas evidenciam como meninos e meninas vivenciam seus pertencimentos étnico-raciais. De acordo com o Boletim Epidemiológico da Secretaria de Vigilância em Saúde, do Ministério da Saúde (2018), no período entre 2011 e 2017, as crianças e adolescentes negras, do sexo feminino e na faixa etária entre 10 e 14 anos, foram vítimas de violência sexual, representando cerca de 56,0%.

Se a produção de conhecimento sobre as condições e situações de vida das crianças e adolescentes negros vem ganhando solidez e explicitando diferentes formas de desigualdades e discriminação, é na seara da Educação Básica que se tem evidenciado maior quantidade de pesquisas e diversidade de perspectiva temática. A etapa da Educação Infantil que atende a faixa-etária de 0 a 5 anos, por exemplo, passou a ser pesquisada na década de 1990 e fica cada vez mais evidente que as crianças pobres e negras são as mais frequentemente retidas no ensino pré-escolar, principalmente as residentes nas regiões Norte e Nordeste e que frequentam espaços de Educação Infantil de pior qualidade. Outras pesquisas apresentaram, como resultado, as discriminações sofridas pelas crianças negras que frequentemente são xingadas pelas demais crianças e rejeitadas por parte dos docentes que não reconhecem seus méritos, direcionam tratamento diferenciado e, principalmente, se silenciam diante de situações de discriminação e preconceito sofridas pelas crianças negras. Ou seja, o espaço de Educação Infantil, como os demais, é estruturalmente racializado e não tem cumprido seu papel estabelecido por lei: a oferta de educação de qualidade e de condições igualitárias a todas as crianças, visando o seu desenvolvido integral.

Na década de 2000, dois aspectos são importantes e impactaram os estudos sobre relações raciais e infância no Brasil. Primeiro, a ampliação do debate sobre relações raciais e, segundo, a perspectiva teórica pautada na Sociologia da Infância. Em relação ao primeiro, a participação do Brasil na III Conferência Mundial das Nações Unidas Contra o Racismo, Discriminação Racial, Xenofobia e Intolerância Correlata, realizada pela ONU em Durban, na África do Sul (2001), foi fundamental para o estabelecimento de uma série de ações políticas, entre outras, no campo da Educação, a alteração da Lei de Diretrizes e Base da Educação Brasileira (LDB) provocada pela Lei n. 10.639/2003 e as Diretrizes Curriculares Nacionais para a Educação das Relações Étnico-raciais e para o Ensino de História e Cultura Afro-brasileira e Africana. Com a alteração da LDB, ocorre um novo marco na história da educação do país ao iniciar uma perspectiva de visibilidade e do reconhecimento da população negra e de suas diferentes experiências.

A alteração da Lei de Diretrizes e Bases impactou diretamente os estudos sobre relações raciais e infância no campo da Educação e, na Educação Infantil, especificamente. Assim, pesquisas sobre práticas educativas com bebês e identidade étnico-

-racial de crianças negras passaram a fazer parte das temáticas pesquisadas. Em relação à identidade étnico-racial, por exemplo, os estudos demonstram que muito cedo elementos da identidade racial emergem na vida das crianças. Diferentes autores destacam que entre 3 e 5 anos a criança já percebe a diferença racial e, ao percebê-la, interpreta e hierarquiza como superior e inferior e, ainda, é nessa etapa que as mesmas desejam mudar o tipo de cabelo e a cor da pele; assim, a criança negra parece mais agudamente atenta à diferença racial do que a branca.

Sobre o referencial teórico pautado na Sociologia da Infância, que passou a amparar a análise dos estudos também na década de 2000, o mesmo deu um contorno significativo às pesquisas, evidenciando a agência da criança negra, por meio da escuta de suas vozes e como um sujeito de direito; ou seja, por um lado há uma interpretação direta de que a criança negra tem direito a ser criança; portanto, as desigualdades, discriminações e preconceitos por elas sofridos em função de seu pertencimento étnico-racial é uma violação dos direitos humanos; por outro, a compreensão de que a infância pode ser singular por estar inserida na estrutura social, política e econômica de qualquer sociedade, uma infância universal; podendo ser um conceito geracional; sendo assim, é plural e depende da classe social, do gênero, da raça ou do pertencimento étnico-racial de cada criança, em cada contexto social. Nessa perspectiva, há uma multiplicidade de infâncias em que as crianças estão inseridas.

Essa forma de pesquisar e analisar as infâncias e as crianças negras é o que tem de mais inovador nos diferentes capítulos que fazem parte desta publicação; como também o contexto em que as pesquisas foram desenvolvidas e que delas resultaram; ou seja, esta é a primeira publicação que conheço que traz um conjunto de capítulos sobre as múltiplas infâncias e a pluralidade das crianças negras, a partir de um único estado e com trabalhos de pesquisadores e pesquisadoras vinculados a uma única universidade. Isso não significa a inexistência de complexidades históricas, sociais, políticas e econômicas. Essa multiplicidade possibilita compreender a operacionalização do conceito de infância em distintos espaços, e, também, a existência de uma multiplicidade de infâncias e de crianças negras. Assim, se as pesquisas realizadas em espaços de Educação Infantil a partir da década de 1990 focaram as interações entre crianças e crianças e adultos e os impactos negativos do racismo para a criança negra, aqui, entre os capítulos, o espaço da Educação Infantil se tornou palco para evidenciar o protagonismo da criança negra, especificamente das meninas negras que questionam e se rebelam diante de situações que envolvem o racismo. Sim, a criança negra tem voz e pode falar, revidar e analisar o papel e o lugar que o racismo tem destinado à maior parte das pessoas negras na sociedade brasileira. Foi o que fez a menina Dandara quando, durante uma brincadeira, diz não às demais crianças que queriam que ela fosse a empregada doméstica, lugar historicamente destinado à maior parte das meninas e mulheres negras pobres. Na brincadeira, ela comprou a casa e, por direito, não assumiu o papel do "Outro" que as demais crianças queriam. Dessa forma, resistiu e não foi a empregada doméstica e, sim, a dona da casa. Ou Sofia, ao perceber a presença da única professora negra que não era uma serviçal na instituição infantil que frequentava, tece a pergunta: Você é professora, mesmo?! Talvez, em seu olhar de criança que questiona a realidade, sua interpretação fosse: existem outros papéis para as mulheres negras! São atitudes como essas que precisam ser reforçadas em espaços de Educação Infantil, e não aquelas que silenciam as crianças negras e seus sofrimentos diante do racismo que estrutura a sociedade e as relações sociais. São práticas docentes como as das professoras envolvidas nas situações que fazem diferença e produzem uma Educação Infantil antirracista.

Entre os capítulos, também é possível compreender um dos conceitos centrais da Sociologia da Infância, o de geração. O mesmo pode ser entendido como um conceito que compreende, no plano histórico, um grupo de pessoas do mesmo escalão etário que viveu uma experiência semelhante. Assim, em alguns dos capítulos é possível analisar que gerações de pais e filhos vivenciam, guardadas as devidas proporções, situações semelhantes de racismo, preconceito e discriminação. O racismo, entre a população negra, perpassa gerações. Da mesma forma, é viável analisar a situação e as condições em que a geração de crianças negras, entre as demais, está vivenciando no contexto de pandemia desde o ano de 2019; e como sofrem com os impactos das desigualdades causadas pela falta de políticas públicas e pela retirada de seus direitos de serem crianças.

No entanto, para além da falta e das desigualdades históricas presentes na infância e na vida das crianças negras, outro aspecto que saltou aos "olhos" com a leitura foi o conjunto de capítulos, resultado de pesquisas desenvolvidas em contextos de quilombos de Minas Gerais. Neles, é visível entender, efetivamente, como as crianças são produtoras culturais. Por meio de suas culturas elas demonstraram como interpretam, simbolizam e comunicam as suas percepções do mundo ao interagirem entre si e com os adultos, a partir de suas diferenças culturais, e como os processos e dimensões como o jogo, a fantasia e a brincadeira são suas referências para aprender e se constituir. Esses aspectos são perceptíveis entre as crianças do Quilombo de Mato do Tição, Barro Preto e dos Arturos. Lá, as crianças e adolescentes quilombolas narram suas histórias e os modos como pensam, agem e vivenciam em suas territorialidades, não apenas pela via da oralidade, mas, também, pelo corpo. As crianças e adolescentes reproduzem os aprendizados ancentrais, considerando suas interpretações entre elas, e não pela via única dos adultos.

Ao final da leitura dos capítulos fica a sensação de que a luta e a resistência – que funcionam como um escudo daqueles e daquelas que foram trazidos para cá e fazem parte de nossa forma de ser, de agir e de pensar e, para aqueles e aquelas que aqui estão – têm que seguir pelas e com as crianças, que representam o novo e trazem a inovação do mundo!

Axé e boa leitura!

Apresentação

O livro *Infâncias negras – Vivências e lutas por uma vida justa* surge a partir de uma necessidade e urgência: produzir conhecimento que dialogue com as diversas experiências de crianças negras brasileiras, em especial, aquelas que residem no Estado de Minas Gerais.

Os capítulos são elaborados a partir das pesquisas dos autores e das autoras no Programa de Pós-graduação em Educação Conhecimento e Inclusão Social, da FAE/UFMG, no Programa de Pós-Graduação em Letras: Estudos Literários da UFMG e na vivência da prática pedagógica de docentes da Educação Básica da Rede Estadual de Minas Gerais e da Rede Municipal de Belo Horizonte.

O conjunto de textos tem dois pontos em comum: o respeito às crianças negras e suas infâncias e a indignação diante do racismo que assola a vida de todas as pessoas negras em nosso país e incide sobre as suas vidas desde a infância até a velhice. Esse fenômeno perverso, estrutural e estruturante, faz-se presente desde o passado colonial e escravocrata brasileiro até os tempos de hoje, marcados pelo capitalismo monopolista, neoliberalismo, empobrecimento, ataques à democracia, aos direitos, às ciências e à educação, vindos de governos autoritários e do acirramento das desigualdades de toda ordem.

Os estudos sobre as crianças negras e suas infâncias têm crescido gradativamente na produção teórica brasileira. Encontramos autores e autoras negros/as e não negros/as interessados no aprofundamento epistemológico sobre como o racismo impacta as vidas de crianças e adolescentes negros e negras, bem como pesquisas e discussões teóricas que tentam compreender como as crianças negras reagem e criam estratégias próprias para lidar com o racismo quer seja na família, nas instituições de Educação Infantil, nas escolas de Educação Básica, nos espaços de lazer, de cultura, entre outros.

É importante que as pesquisas no campo das infâncias, ao destacarem a especificidade das infâncias negras considerem as crianças negras como sujeitos de direitos, de conhecimento, de práticas e de experiências étnico-raciais. Compreendam-nas e destaquem que a sua subjetividade não se constrói apenas via o sofrimento causado pelas experiências com o racismo, mas também por meio de formas criativas e corajosas de lidar com as artimanhas racistas. E destaquem as experiências dessas crianças como sujeitos culturais e sociais que criam e recriam a sua existência, mesmo em situações duras de desigualdades que a elas impõem desde tão cedo o árduo aprendizado de luta pela sua própria sobrevivência. E, muitas vezes, pela sobrevivência de irmãos e irmãs menores.

Sabemos que a visão da criança como sujeito que constrói conhecimentos forjados na dura experiência de luta pela sobrevivência contra o racismo e o machismo encontra resistência entre as estudiosas e estudiosos da infância. Muitos acusam aquelas e aqueles que partilham de tal abordagem de trazer reflexões e pensamentos adultos para o universo infantil. Mas indagamos até que ponto essa postura resistente não é, na realidade, a que partilha de uma concepção adultocêntrica e supostamente neutra diante da forma como as crianças vivem e interpretam as mazelas do mundo construído pelos adultos e adultas.

As marcas da classe, raça, gênero e as desigualdades nos acompanham desde o nosso primeiro momento de inserção no mundo da cultura, ao nascermos. Já no berçário, as crianças, de um modo geral, e as negras, em específico, são pescrutadas se têm cabelo liso, anelado ou crespo, se são mais clarinhas ou escurinhas, se nasceram com "aquilo roxo", como se diz em algumas partes do país ou se possuem nariz chato ou fino.

Como, então, duvidar de que as crianças ao viveram suas infâncias não são afetadas pela maneira como são vistas desde que nascem e pelos estereótipos e preconceitos raciais e de gênero? Como não dizer que a sua corporeidade, ao se inserir na cultura, não se insere em um mundo adulto marcado pelo racismo, machismo, valores morais, religiosos e desigualdades que marcam a sua trajetória e o seu desenvolvimento humano? Se consideramos as crianças como sujeitos de direitos, como dizer que elas não notam, sentem, vivem, interpretam e criam estratégias para lidar com o mundo? E como não admitir que elas acabam por se educar ou deseducar para lidar com as suas próprias diferenças e das outras crianças?

As autoras e os autores deste livro, na sua maioria pesquisadores e pesquisadoras negros e negras, também tiveram e viveram uma infância. Todas e todos se lembram muito bem das experiências de racismo sofridas e como elas passaram a fazer parte do seu processo de construção da identidade negra. E se lembram de algumas das estratégias construídas para lidar com o racismo e sobreviver a ele. Muitos cresceram em um processo tenso de negação, aceitação e ressignificação do ser negra/negro até se tornarem adultos e adultas com orgulho do seu pertencimento étnico-racial, da sua ancestralidade, corporeidade, cultura e história coletiva de resistência. Foram e ainda são processos complexos e muito tensos. Algumas dessas experiências ficaram guardadas no inconsciente e levaram tempo para ser identificadas e superadas.

As autoras e autores não negros passaram a compreender melhor a sua própria inserção na sociedade e na educação ao compreenderem a presença da branquitude em suas próprias vidas e como ela acaba determinando destinos em uma sociedade racista. Rever esse lugar de branco ou branca que assume o posicionamento político antirracista significa rever também a forma de interação com o mundo, o universo pedagógico e as crianças nas suas infâncias e na Educação Infantil, especialmente as negras.

O olhar dessas pesquisadoras e pesquisadores sobre as infâncias negras, hoje, é outro. As pesquisas e práticas pedagógicas realizadas encontram-se diante do desafio e da urgência teórica e política de construir práticas pedagógicas e metodologias de pesquisa que possibilitem às crianças falarem de si e sobre si e o outro e sejam protagonistas das suas próprias vidas.

As crianças sabem de si, principalmente, as pobres, as negras e aquelas em situação de maior vulnerabilidade e desigualdade, cujas infâncias são roubadas pela pobreza e pela fome. E é isso que o olhar adulto tem dificuldade de admitir. A raça atravessa e participa da formação das infâncias e, infelizmente, nem sempre como parte do fascinante processo da diversidade humana, mas como um peso, como marca de inferioridade. E é isso que precisamos superar. A educação, de maneira geral, e a Educação Infantil, em específico, têm um papel relevante nesse processo.

Sabemos que essa postura diante das infâncias e das infâncias negras não é fácil, mas aceitamos este desafio. As leitoras e os leitores poderão ver que algumas das pesquisas apresentadas conseguiram inserir metodologias que possibilitaram aos pesquisadores e pesquisadoras se colocarem bem próximos ao universo infantil e negro por meio do desenvolvimento de uma escuta atenta das crianças. Outras vezes, essa escuta sensível nem sempre foi possível, mas houve o procedimento de uma análise cuidadosa para narrar e descrever o mais próximo possível as maneiras como as crianças negras se comportam e expressam suas opiniões sobre a sua vivência étnico-racial na relação com a outra e com o mundo adulto. Algumas pesquisas trazem relevância às crianças negras e sua inserção cultural, territorial, de aquilombamento, e outras focam a sua vida no espaço urbano, nas instituições de Educação Infantil. E ainda, há aquelas que dialogam com as famílias de mulheres/mães/ trabalhadoras e o cuidado com seus filhos e filhas.

Uma coisa é certa: é preciso continuar nos aproximando das infâncias negras para compreender suas diferenças, aproximações, especificidades e pontos comuns. Destacando a sua coragem nesse importante ciclo da vida em meio a tantas desigualdades por elas vividas na tensa relação entre infâncias, pobreza, educação e raça.

O presente livro está organizado em duas partes, as quais organizam os capítulos de acordo com os eixos centrais das análises realizadas, a saber, as lutas por direitos para a garantia da dignidade das infâncias negras e as vozes das infâncias negras quilombolas. A segunda parte foca as infâncias negras, a escola e as mães trabalhadoras e a urgência da escuta atenta às vozes das crianças negras da Educação Infantil e suas impressões sobre o racismo.

São abordagens realizadas a partir da discussão sobre infâncias, relações étnico-raciais e a luta pela garantia dos direitos e das reflexões, análises teóricas e da prática pedagógica das pesquisadoras e pesquisadores sobre as infâncias negras desenvolvidas nas investigações para a realização da dissertação ou tese. A estas se somam atualizações teóricas e políticas realizadas no decorrer do tempo após a apresentação da dissertação ou tese.

Parte I – Infâncias negras: lutas para a garantia de direitos e vozes quilombolas

O capítulo "Infâncias e relações étnico-raciais: a tensa luta pela garantia de direitos em tempos antidemocráticos", de Marlene de Araújo e Nilma Lino Gomes, inicia a primeira parte da coletânea. Reflete sobre as nossas ações em prol das crianças em tempos em que as vidas desde a tenra idade são impulsionadas a lutar pela sobrevivência, pela própria vida e pela (re)existência. As crianças, nesse contexto, precisam ainda mais de serem ouvidas. Como elas têm lidado com esses tensos processos de desumanização? O que pensam sobre isso? Como esse contexto as atingem? Entende-se com essas indagações que as infâncias e as crianças estão cada vez mais sob ameaça. E junto com elas o comprometimento da vida e da constituição de processos emancipatórios, no futuro que se gesta na nossa vivência do tempo presente – tempo de pandemia do coronavírus. Constata-se, por meio de diferentes pesquisas, que há o sofrimento das crianças com o distanciamento social, pela ausência de escola, pelas transformações do seu cotidiano, pela experiência subjetiva de lidar com a incerteza, com o medo de adoecimento e, além disso, existe uma desigualdade na forma de vivenciar a experiência da infância em tempos tão difíceis, principalmente as crianças negras, pobres, residentes em territórios periféricos apresentaram níveis diferenciados e desiguais de vivência da pandemia. As autoras nos convidam a refletir sobre as infâncias a partir dos Estudos Sociais e Sociologia das Infâncias numa perspectiva problematizadora – identificar as questões colocadas pelas infâncias negras às instituições escolares, sujeitos e práticas –, bem como desafiam a construir projetos educativos emancipatórios, articulando as justiças curricular e cognitiva como formas de luta contra as desigualdades e injustiças.

No capítulo "O bem-viver e o ubuntu das crianças quilombolas", Patrícia Maria de Souza Santana apresenta, de forma exploratória, as interlocuções entre duas filosofias interculturais que dialogam com saberes de povos diversos da América Latina e da África que são o bem-viver e o ubuntu, em diálogo com as experiências de crianças do Quilombo Mato do Tição localizado em Minas Gerais. Essas duas filosofias, ou visões de mundo, apresentam como fundamental a compreensão: da interdependência entre seres humanos e Natureza, da ligação comunitária entre as pessoas, da construção da vida embasada nos laços da comunidade, da preservação das tradições, do aprendizado contínuo. Tanto o bem-viver quanto ubuntu são visões de mundo que se contrapõem ao colonialismo e aos modos de vida postulados pelo eurocentrismo e pelo capitalismo. As reflexões apresentadas elucidarão como o bem-viver e o ubuntu estão presentes de alguma forma nos modos de ser e viver das crianças quilombolas do Mato do Tição. Serão destacadas as vivências comunitárias, o pertencimento identitário associado ao território e à dinâmica cultural do lugar além das brincadeiras e dos modos de cuidarem umas das outras.

O universo quilombola também é discutido no capítulo "Hoje é dia de festa maior/êh, viva, êh, viva!", dos autores Maria Goreth Herédia Luz, Yone Maria Gonzaga e Ridalvo Félix de Araújo. Eles nos apresentam uma prática educativa, ocorrida na Comunidade Quilombola dos Arturos, situada no município de Contagem. Consoante ao que propugna a Lei Federal 10.639/2003, que alterou os currículos da Educação Básica tornando obrigatória a inclusão da história e cultura afro-brasileira, a atividade apresenta crianças negras protagonistas do seu próprio discurso, articulando outras narrativas sobre as múltiplas experiências negras, ao lado de seus/suas mais velhos/as, dialogando com visitantes de mesma geração.

Diante da constatação da diferença étnico-racial produzida no contexto colonial – então transformada em longos períodos de naturalização das desigualdades sociorraciais no Brasil, mas também globalmente – Aline Neves Rodrigues Alves aciona o campo das Geografias Negras em diálogo com a subjetividade e com a chave do inconformismo para grafar experiências de (r)existência com sujeitos forjados na dimensão do "Outro". Esse é o enfoque do capítulo "Camaradas fazem geografias negras na infância e na adolescência", no qual a autora se debruça sobre a música *Morro velho* para compreender as ausências e inventariar emergências para um/a protagonista negro/a coletivo/a – trazendo diferentes experiências de crianças e adolescentes quilombolas – por meio de uma narrativa discursiva e socioespacial (de seus corpos e espaços); que supere a condição de existência deste "Outro", até então respaldado na música pela narrativa dos sentimentos do protagonista branco. Trata-se de uma proposta educativa que tensiona a ciência, mobiliza a infância e adolescência negras e suas marcas em territórios. É uma busca alicerçada no direito ao reconhecimento digno a despeito de privilégios e predomínio de narrativas do grupo racial branco. Com estas crianças e adolescentes da comunidade quilombola Barro Preto – da cidade de Santa Maria de Itabira – a autora traz a presença e não a falta, a busca por cidadania e não o racismo, a alteridade e a visibilidade de experiências que desejo serem interculturais. O resultado é um texto que busca dialogar com sentimentos evocados pela linguagem musical e alimentado pelos modos negros de produzir espaços geográficos neste país.

Parte II – Infâncias negras e famílias: vozes e imagens em movimento

O capítulo "Lutas antirracistas: a voz de meninas negras na Educação Infantil", escrito por Ademilson de Sousa Soares, Lisa Minelli Feital e Regina Lúcia Couto de Melo abre a segunda parte da coletânea. O texto aborda o valor da observação de uma professora e pesquisadora negra voltada para manifestações de meninas negras no momento das brincadeiras no parquinho e destaca a importância da escuta da fala das crianças no contexto das práticas antirracistas desde a Educação Infantil. As pesquisas sobre educação das relações étnico-raciais são retomadas no sentido de questionar situações de racismo vivenciadas pelas crianças que muitas vezes ficam camufladas nas escolas pelo falso discurso de que existe democracia racial no Brasil. O destaque das falas de Sofia e Dandara que frequentam a Educação Infantil e das mediações da professora no sentido de acolher o protesto das crianças contribui para retirar a infância negra da invisibilidade nas escolas e nas pesquisas, pois as crianças têm o direito de viver plenamente suas infâncias. Concluem sinalizando que a educação para as relações étnico-raciais desde a Educação Infantil é uma forma de praticarmos a luta diária contra o racismo na sociedade brasileira.

Tânia Aretuza Ambrizi Gebara, no capítulo "Infâncias de mães e de filhas/os: educação das relações étnico-raciais em famílias inter-raciais", traz reflexões que são fruto de uma pesquisa de doutorado, concluída em 2014, vinculada ao Programa de Pós-Graduação em Educação Conhecimento e Inclusão Social da Faculdade de Educação da Universidade Federal de Minas Gerais. A autora buscou, durante a pesquisa, compreender a relação estabelecida entre famílias conduzidas por mulheres provedoras negras (pretas e pardas) pertencentes às camadas populares e o processo de educação de seus filhos e filhas. Focalizou os pontos de vista desses sujeitos e como estabelecem, veem e conduzem a educação de suas crianças. Os resultados encontrados apontam para como as mães significam suas infâncias, como mulheres e como mães, e as relações que estabelecem a respeito de suas infâncias e a de seus/suas filhos/as. Os processos analisados foram compreendidos e traduzidos por uma imagem em movimento; ou seja, ora as mulheres indagam um lugar de negatividade, ora reforçam discursos e posturas estereotipadas e ora há momentos que se observa uma ruptura, uma tentativa de produzir outras imagens de si mesmas e dos/as filhos/as, construindo perspectivas positivas de futuro para as crianças.

Por fim, e não menos importante, gostaríamos de registrar que a provocação para que realizássemos este livro vem de uma pessoa sempre preocupada com os sujeitos e a sua vivência nos ciclos da vida em tempos-limite e engajada nas lutas pelo direito de uma educação digna e justa para todas as pessoas: o Professor Miguel Arroyo. Agradecemos a ele pela provocação, apoio e por nos instigar a ir sempre além, acreditando que as transformações por um mundo melhor sempre existirão, por mais antidemocráticos que sejam os tempos nos quais nos encontramos. Elas sempre continuam possíveis porque os sujeitos sociais, culturais e políticos que lutam por direitos e pela democracia existem. E se as transformações são possíveis, teremos sempre que buscá-las e realizá-las. As infâncias negras nos mostram os caminhos.

Marlene de Araújo
Nilma Lino Gomes
Abril/22

Parte I
Infâncias negras: lutas para a garantia de direitos e vozes quilombolas

1
Infâncias e relações étnico-raciais: a tensa luta pela garantia de direitos em tempos antidemocráticos

Marlene de Araújo
Nilma Lino Gomes

Introdução

As infâncias e as crianças estão cada vez mais sob ameaça. E junto com elas o comprometimento da vida e da constituição de processos emancipatórios, no futuro que se gesta na nossa vivência do tempo presente. As desigualdades e as violências aumentam no Brasil e no mundo. Discursos e práticas de ódio invadem as ruas na forma de passeatas, as redes sociais por meio de vídeos, narrativas, postagens cheias de intolerância, racismo, machismo, LGBTQIA+fobia.

Escrever este capítulo instiga-nos a refletir sobre as nossas ações em prol das crianças num tempo em que as vidas, desde a tenra idade, são impulsionadas a lutar pela sobrevivência, pela própria vida e pela (r)existência. As crianças, nesse contexto, precisam ainda mais ser ouvidas. Como elas têm lidado com esses tensos processos de desumanização? O que pensam sobre isso? Como esse contexto as atinge?

As crianças vivem, sentem e constroem suas opiniões e conhecimentos ao longo de sua trajetória de vida. A pandemia em decorrência do novo coronavírus tem transformado as trajetórias das infâncias, tornando ainda mais desiguais aquelas que já vivem em situação de vulnerabilidade. Nesse contexto, poucos têm sido os estudos que escutam o que as crianças têm a dizer[1].

O Núcleo de Estudos e Pesquisas sobre Infância e Educação Infantil (Nepei), da Faculdade de Educação da UFMG realizou, em 2020, a pesquisa *on-line* Infância em tempos de pandemia. A pergunta central da investigação foi: como as crianças estão vivendo a pandemia do coronavírus? Foram 2.200 participantes de 8 a 12 anos que interagiram com o tema da investigação por meio de uma série de instrumentos e possibilidades virtuais. Entre os resultados dos estudos foram recolhidas várias percepções das crianças sobre a vivência familiar, mas, sobretudo, a evidência de que as desigualdades se aprofundam, deixando-as ainda mais vulneráveis. As pesquisadoras e os pesquisadores constataram o que já sabíamos: o sofrimento das crianças com o distanciamento social, pela ausência de escola, pelas transformações do seu cotidiano, pela experiência subjetiva de lidar com a incerteza, com o medo de adoecimento. E no meio de tanto sofrimento, ainda constatou-se que existe uma desigualdade na forma de vivenciar a experiência da infância em tempos tão difíceis. Crianças negras, pobres, residentes em territórios periféricos apresentaram níveis diferenciados e desiguais de vivência da pandemia.

Essa situação reforça o peso da pandemia na vida dos diferentes coletivos sociais e raciais que vivem e sofrem situações

---

1. No ano de 2020, a Organização Mundial da Saúde (OMS) declarou que vivemos uma pandemia do novo coronavírus, chamado de Sars-Cov-2. A definição de pandemia não depende de um número específico de casos. Considera-se que uma doença infecciosa atingiu esse patamar quando afeta um grande número de pessoas espalhadas pelo mundo. Leia mais em: https://saude.abril.com.br/medicina/oms-decreta-pandemia-do-novo-coronavirus-saiba-o-que-isso-significa/

diferenciadas no contexto da crise sanitária vivida em nosso país, nos anos de 2020 e de 2021. As históricas e estruturais desigualdades de classe, gênero, raça, idade são acirradas em tempos de crises.

Como destaca Boaventura de Sousa Santos (2020), os impactos são maiores para quem vive ao "sul da quarentena"; quais sejam: mulheres, trabalhadores precários, informais, ditos autônomos, trabalhadores da rua, populações de rua, moradores nas periferias pobres das cidades, refugiados, deficientes, idosos, entre tantos outros. Nesse sentido, é importante destacar que concordamos com o autor quando explica o que significa ao "sul da quarentena":

> Tais grupos compõem aquilo a que chamo de Sul. Na minha concepção, o Sul não designa um espaço geográfico. Designa um espaço-tempo político, social e cultural. É a metáfora do sofrimento humano injusto causado pela exploração capitalista, pela discriminação racial e pela discriminação sexual. Proponho-me analisar a quarentena a partir da perspectiva daqueles e daquelas que mais têm sofrido com estas formas de dominação e imaginar, também da sua perspectiva, as mudanças sociais que se impõem depois de terminar a quarentena. São muitos esses coletivos sociais. Seleciono uns poucos (SANTOS, 2020, p. 15).

Assim, consideramos que a pandemia e não somente ela, evidencia uma vez mais as precarizações e o descaso por parte de diferentes instâncias do Estado brasileiro com as pessoas em seus direitos fundamentais[2]. É necessário reconhecer, portan-

---

2. Os direitos e garantias fundamentais estão dispostos na Constituição Federal de 1988, em seu título II. Enquanto os direitos fundamentais se referem aos direitos propriamente ditos constantes na Constituição, as garantias fundamentais se referem a medidas previstas e visam a proteção desses direitos. "Art. 5º Todos são iguais perante a lei, sem distinção de qualquer Natureza, garantindo-se aos brasileiros e aos estrangeiros residentes no país a inviolabilidade do direito à vida, à liberdade, à igualdade, à segurança e à propriedade."

to, que junto aos coletivos citados pelo autor estão também as crianças, nem sempre lembradas. Para elas o Sul da quarentena se apresenta ainda mais perverso. Ao mesmo tempo em que sofrem junto com os adultos, as crianças sentem impactos específicos desse momento difícil para o Brasil e para os outros países do mundo. As desigualdades, a pobreza, a fome, a violência e as vivências da pandemia e suas implicações acentuam-se de forma diferenciada, em especial na vida das crianças pobres, as meninas e as negras. São vivências que mostram não apenas as dificuldades de se manter saudável, mas de viver, ou melhor, constituir o bem-viver, que recupera a sabedoria ancestral rompendo com a famigerada acumulação capitalista que transforma tudo e todos em coisas (TURINO, 2016, p. 15).

O trabalho das educadoras e dos educadores nesses cenários se constitui de enumeráveis desafios. Todavia, mesmo nesses e com esses desafios e dificuldades, reafirmam-se os compromissos ético e profissional com as crianças, no que se refere à ausculta e observação atentas às indagações que advêm das suas vozes que se expressam a partir delas mesmas nas pesquisas e nos convívios, principalmente no âmbito das escolas de Educação Infantil e, hoje, nos seus lares. Essas práticas, a nosso ver, revelarão que elementos e mecanismos que simultaneamente se revelam e se escondem nas ações pedagógicas e escolares, quanto ao racismo e outras formas de discriminação, impactam especificamente de forma contundente a vida e a dignidade das crianças pequenas negras e suas famílias, apresentando-se como fenômenos perversos, presentes no cotidiano, nos currículos e nas práticas da Educação Infantil (GOMES, 2019).

Nessa perspectiva, precisamos nos perguntar quanto às referências teóricas e políticas que fundamentam nossos olhares e práticas pedagógicas, assim como que proposições são necessárias para que as instituições de ensino construam propostas que potencializem as crianças e suas infâncias. Inspirando-se nas reflexões de Boaventura de Sousa Santos, indagamos sobre a existência ou não de proposições que nos ajudem a superar o "desperdício das experiências" de educadoras, educadores e das crianças.

Estudos sociais e sociologia das infâncias: com que ideias e olhares nos dirigimos às crianças?

Os estudos sobre as crianças e suas infâncias têm avançado consideravelmente envolvendo diferentes áreas do conhecimento. Constatam-se diferentes abordagens no sentido de entender esse tempo humano em relação às construções das crianças, suas formas de lidar com a vida em suas múltiplas dimensões no que se refere aos seus desafios e potencialidades. Cabe destacar também os aspectos referentes às ameaças que recaem sobre elas a partir das decisões dos adultos.

Um destaque nos estudos da infância, segundo Araújo (2015), tem sido a crítica à construção adultocêntrica da infância lembrando a origem etimológica do termo em que está um componente de não fala – *infant* –, que é o sem voz e sem fala. Não é demais lembrar que, os estudos da infância começam no século XIX e a partir do século XX, meados dos anos de 1960, são inaugurados os chamados Estudos Sociais sobre a Infância, crescendo assim o movimento de conhecimento da criança/infância a partir dos campos das ciências humanas e sociais anteriormente apresentados, como destaca Kramer (2006).

A partir desses estudos, é destacada uma questão pertinente, no sentido de indagar o porquê das crianças terem sido ignoradas por tanto tempo. Corsaro (2011) e Qvortrup (1993) consideram ainda que elas não foram só ignoradas como também muito marginalizadas na sociologia devido à sua posição subordinada nas sociedades e às concepções teóricas de infância e de socialização. Nesse aspecto da socialização, Corsaro (2011) destaca que nas abordagens tradicionais as crianças são vistas como "consumidoras" da cultura estabelecida por adultos. Em contraposição, argumenta o autor, as chamadas perspectivas teóricas interpretativas e construtivistas na sociologia (CONNEL, 1987; CORSARO, 1992; JAMES; JENKS; PROUT, 1998) consideram que as crianças, assim como os adultos, são participantes ativos na construção social da infância e na reprodução interpretativa de sua cultura compartilhada.

As abordagens são inúmeras e falar de cada uma delas ultrapassa os objetivos e o número de páginas deste capítulo. Dessa forma, destacamos algumas reflexões que sintetizam, abarcam e apontam os aspectos comuns e relevantes presentes em diversificados estudos e que nos instigam a ficar atentos(as) às formas como as crianças negociam, compartilham e criam culturas com os adultos e com seus pares e que supera o conceito de criança como receptáculo passivo das doutrinas dos adultos.

Baseando-se em Marchi (2008), Araújo (2015) evidencia a importância da perspectiva anteriormente anunciada, ou seja,

> O princípio da construção social da infância questiona esta categoria como definida simplesmente pela biologia propondo a desconstrução, portanto, da "obviedade" e "legitimidade" presentes no "paradigma tradicional" das crianças como objetos passivos de socialização numa ordem social adulta e da infância como fase "natural e universal" da vida. Esses aspectos exigem aprofundamento, pois, consideramos que as crianças não estão livres dos determinantes sociais, econômicos, culturais e políticos impostos pela ordem social adulta e questionamos que liberdade de autoria muitas

crianças têm sobre sua vida se estão submetidas à pobreza, à miséria, ao trabalho pela própria sobrevivência. Essa ênfase no adultocentrismo pouco tem ajudado na compreensão das infâncias das crianças negras, por exemplo (ARAÚJO, 2015, p. 49).

Fúlvia Rosemberg (2012) apresenta uma reflexão interessante que corrobora esses aspectos trazendo à baila esses indicativos de construção social da infância a partir de Phillipe Ariès. A autora delineia esses aspectos considerando que Ariès (1961), além de inaugurar a "visão da infância como uma construção social, dependente ao mesmo tempo do contexto social e do discurso intelectual" (SIROTA, 2001, p. 10), lançou as bases para a mudança paradigmática proposta nas décadas de 1980 e 1990 pelos **estudos sociais sobre a infância**[3] (na tradição anglo-saxônica), ou **sociologia da infância** (na tradição francófona). Rosemberg (2012), portanto, sintetizou essa mudança, destacando-a como relevante por:

- **alçar** a infância à condição de objeto legítimo das ciências humanas e sociais;
- **tratar** a infância como construção social; rompendo com o modelo "desenvolvimentalista" da psicologia (p. ex., o piagetiano) "impelido para uma estrutura de racionalização adulta permanentemente definida" (JENKS, 2002, p. 212);
- **atacar** o conceito de socialização da criança como inculcação, até então predominante na antropologia, na psicologia e na sociologia;
- **conceber** a criança como ator social;
- Em suma, **romper** com uma visão adultocêntrica da sociedade, no geral, de suas instituições inclusive as acadêmicas, pela qual a criança é vista apenas como um vir a ser do adulto e que, para tanto, deve ser aculturada ao mundo social via processo de socialização

---

3. Grifos nossos.

entendido como condicionamento das normas sociais, impostos de "cima" (universo adulto) para "baixo" (universo infantil) (ROSEMBERG, 2012, p. 23).

Essa mudança paradigmática nos termos de Fúlvia Rosemberg (2012) traz indagações sobre as possibilidades constituintes das formas como as crianças precisam ser vistas, entendidas e visibilizadas em diferentes contextos sociais e instituições, principalmente nas instituições educativas e escolares e pelos(as) pesquisadores(as) de diferentes áreas do conhecimento, pelos movimentos sociais, gestores(as) e professores(as).

Nesse processo amplo e complexo necessário se faz considerar que, conforme Araújo,

> a infância é mais do que uma construção teórica ou do olhar, ou ainda da concepção teórica com que é vista, analisada. O que consideramos mais determinante na produção-vivência da infância são possibilidades e limites de sua vida/sobrevida. Esses são centrais nas práticas tensas de ser criança popular negra. Nessa direção, mobiliza-nos outros estudos que consideram a relação corpo, trabalho, pobreza. E isso nos instiga a levantar outras questões importantes para os estudos sociais da infância: Desde essas concepções foi possível a Sociologia da Infância dar a devida centralidade às outras infâncias populares negras, por exemplo? A secundarização da condição racial nos estudos da infância não mostra os limites dessas concepções, olhares predominantes nos estudos da infância? (ARAÚJO, 2015, p. 56).

Sendo assim, não é demais considerar como os estudos já alertaram que nas sociedades convivem diferentes crianças e suas infâncias, especialmente as negras, tangenciadas por processos, mecanismos e sistemas que ameaçam e desperdiçam suas vidas, comprometem seus projetos e desejos, mercantilizam seus sonhos e ideais, fragilizam e superficializam suas visões de mundo e das pessoas, como também negam suas identidades a partir de seus coletivos sociais e étnico-raciais.

Assim, ao refletir acerca das crianças e da condição social da infância, concordamos com Martins (1993), que afirma que as condições de nascer e de crescer não são iguais para todas as crianças e destaca que o mundo da infância aparece invadido pela morte, pela injustiça ou pela ausência da justiça, pelo desconforto e pela violência. E nesse sentido, constatamos, por diversos indicadores sociais, pesquisas, mídias e no diálogo com educadores(as) no âmbito das escolas e nos encontros de formação continuada que a condição social da infância no Brasil apresenta muitas similaridades aos contextos de violência e injustiça e a partir desses identificam-se inúmeros casos de violência doméstica, abuso sexual e abandono, inclusive nas classes abastadas.

Imaginemos hoje o que significam, em tempos de pandemia (vivida diferencial e desigualmente pelos adultos e também pelas crianças) e de violação de direitos, garantir a vida de crianças ameaçadas continuamente em termos de sua sobrevivência. Aliás, nesses tempos difíceis de pandemia, distanciamento social e milhares de mortes, estamos num reaprender a conhecermo-nos no limite dos trabalhos remotos em nossas casas, do dividir a atenção em relação a tantas demandas, da sobrecarga de exigências em relação aos tempos do trabalho, da escola, dos cuidados consigo mesmo, com a família e com tantos outros. Poderíamos perguntar, uma vez mais: com que olhares nos dirigimos às crianças nestes tempos de acirramento de desigualdades, de violência e de pandemia? Ampliaremos os olhares? Ouviremos o que as crianças sentem, pensam e vivem? Procuraremos compreender como a classe, a raça e o gênero atravessam as infâncias? Ou os restringiremos à pensar a volta à escola presencial e o cumprimento dos dias letivos e atividades programadas para que eles e elas não percam o "ano"? Será que refletimos que muitas crianças não voltarão às instituições escolares, pois estão mortas ou se tornaram órfãs nesse momento em que um vírus descontrolado ceifa vidas?

As questões colocadas pelas infâncias negras às escolas e à produção acadêmica

No item anterior abordamos os Estudos Sociais e a Sociologia da Infância como campos de estudos que avançam no entendimento das infâncias, numa perspectiva plural. Compreendemos que não é possível discutir as infâncias, ou melhor, pensar os Estudos Sociais e a Sociologia da Infância sem referir-se às relações étnico-raciais. De outro modo, alertam Anete Abramowicz e Fabiana Oliveira:

> A partir da Sociologia da Infância a criança não é entendida como uma criança essencial, universal e fora da história. A Sociologia da Infância vem problematizando a abordagem psicológica e biológica de compreensão da criança, pois recusa uma concepção uniforme da infância, visto que mesmo considerando os fatores de homogeneidade entre as crianças como um grupo com características etárias semelhantes, os fatores de heterogeneidade também devem ser considerados (classe social, gênero, etnia, raça, religião etc.), tendo em vista que os diferentes espaços estruturais diferenciam as crianças (ABRAMOWICZ; OLIVEIRA, 2010, p. 43).

Além disso, destaca Gomes (2019) em diferentes momentos em que participamos de seminários, congressos, formação continuada e discussões educacionais do campo da Educação Infantil, é perceptível a resistência de algumas pesquisadoras e professoras no âmbito das salas de aula em aceitar a raça como importante categoria de análise e elemento delineador das ações pedagógicas seja nas atividades, seja nas relações entre professores(as) e estudantes. Há relutância na compreensão de que as crianças pequenas entre si, na relação com os adultos e com o mundo que as cerca, já nutrem interpretações e realizam ações pautadas na diferença racial. E, ainda, esses comportamentos apresentam estereótipos raciais negativos em relação aos(às) negros(as).

Diferentes pesquisas evidenciam as diferentes manifestações e interpretações das crianças em relação à raça ao realizarem observação de práticas em salas de aula, hora do recreio, momento do "parquinho", atividades no pátio, entre outros espaços e momentos educativos escolares. Sendo que Godoy (1996), Dias (2007; 2012), Cavaleiro (2001), Fazzi (2004) e Trinidad (2011a) são referências importantes.

Godoy (1996) constatou que as crianças na faixa etária de 5 a 6 anos, ao realizarem descrições de si mesmas ou dos colegas, referem-se à cor da pele como uma das principais características físicas e que as crianças negras se sentem desconfortáveis quando necessitam verbalizar ou assumir sua condição étnico-racial. Isso, evidencia, portanto, a incorporação de uma imagem negativa de si mesma a partir das atribuições e estereótipos negativos associados aos(às) negros(as) um dos aspectos estruturantes do racismo.

Dias (1997a) verificou, por meio de pesquisa, se as escolas continuam a trabalhar a temática das relações étnico-raciais com crianças de 5 e 6 anos, uma vez que já havia desenvolvido uma metodologia específica para tratar dessa temática junto a crianças pequenas. Utilizando as metodologias de observação dos trabalhos realizados no recreio, em brincadeiras etc., entrevistas formais e informais com crianças, professoras, coordenadoras e diretoras, constata que as crianças negras sofrem mais preconceitos e que a discriminação se constitui a partir das construções sociais sobre o negro, geralmente, estereotipadas e inferiorizantes.

Cavalleiro (2001) aborda a questão do preconceito e discriminação racial em instituição de Educação Infantil a partir do acompanhamento de crianças e suas famílias, como também as professoras na realização de suas atividades. Ela constatou que os(as) educadores(as) têm dificuldades na percepção das questões que podem aparecer na relação entre crianças de diferentes origens étnico-raciais; as crianças associam a cor da pele às qualidades pessoais de forma preconceituosa e o silêncio dos(as) educadores(as) em relação às diversidades étnico-raciais e diferenças reforçam preconceitos e ocorrência de discriminações.

Oliveira (2004), num estudo sobre creches em São Carlos, especificamente na sala do berçário, identificou as formas pelas quais as educadoras tratavam os bebês negros. O objetivo da pesquisa foi o de realizar uma síntese teórica dos estudos sobre a infância da criança negra nas pesquisas raciais e analisar práticas educativas que ocorrem na creche, com ênfase na criança negra verificando a maneira pela qual essas práticas produzem e revelam a questão racial.

Rita Fazzi (2004) a partir da pesquisa realizada em escolas de Ensino Fundamental de Belo Horizonte demonstra que, ao contrário das imagens de "pureza" e "inocência" das crianças, ainda existentes em nossa sociedade, principalmente no âmbito das instituições sociais, principalmente na escola, considera-se que "crianças são atores e estão construindo, socialmente, realidades" (FAZZI, 2004, p. 218): [...] a socialização entre pares constitui um espaço e tempo privilegiados em que crenças e noções raciais já aprendidas são experimentadas e testadas pelas crianças. E, nestas interações entre si, as crianças vão aprendendo o que significa ser de uma categoria racial ou de outra, criando e recriando o significado social de raça. A título de exemplos em relação a essas afirmações destacamos da pesquisa um exemplo relacionado às crianças entre 8 e 10 anos:

> Neide, 10 anos, preta, ao responder à pergunta "É melhor ser branco do que ser preto?" também revelou que *branco* xinga *gente* de preto:
> Ah! não! Eu prefiro ser preta, mas também os outros assim que, acha que é branca, assim, xinga a gente porque a gente é preto. Mas eu num... Mas, eu gosto da minha cor. Eu num, não é que eu não goste dos brancos, não. Eu também gosto do branco, mas, só que..., o branco vem xingando a gente, eu não tô nem aí (FAZZI, 2004, p. 135).

Na Educação Infantil o processo se apresenta com características similares a partir do trabalho de Trinidad (2011) que realizou pesquisa em uma escola de Educação Infantil com 33 crianças entre 4 e 5 anos na zona oeste de São Paulo e teve como objetivos saber como as crianças compreendem a identificação étnico-racial e os critérios e a forma que empregam para explicitá-la. Alguns dos depoimentos coletados corroboram diferentes possibilidades de análise de como elas referem-se umas às outras, bem como demonstram características da estrutura social racista em que estamos inseridos,

> Giovanna Victória me segue e diz: Tia, cê sabe com quem eu pareço? "Eu pareço com meu pai." Pergunto então: Como é seu pai? Ela me responde: "Preto, quero dizer negro". Quero saber como é sua mãe. Giovanna Victória diz que é branca. Então, eu lhe pergunto: E

você, o que é? Ela responde: "Preta". Pergunto se ela gosta de ser assim e ela diz que não. Quero saber por quê. Giovanna explica. "Porque queria ser branca, como minha mãe. E, também, porque todo mundo dá risada" (Giovanna Vitória, pai negro e mãe branca, 27/05, parque) (TRINIDAD, 2011, p. 133-134).

Esses destaques evidenciam algumas das dimensões/questões colocadas pelas crianças às estruturas de organização das instituições, com destaque para as escolas e seus/suas profissionais, assim como para outros espaços de convívio, seja nos âmbitos familiares, de lazer, entre outros, que as pesquisas de diferentes áreas do conhecimento têm apontado sobre as construções e vivências das crianças e suas infâncias nas mais diversificadas condições de existência. Essas traduzem a responsabilidade e a complexidade das análises a serem efetivadas pelos/pelas pesquisadores e pesquisadoras do campo da educação e de outras áreas e que, sobretudo inserem-se nas lutas antirracistas, a partir dos limites impostos à vida delas, especialmente das negras, pela pobreza, pelos processos perversos de violação dos direitos, especialmente o direito à vida em tempos de retrocessos e grandes ameaças à existência de todos(as).

Perguntas se instauram: estaremos nós educadores(as) dispostos(as) a construir processos que enalteçam e reconheçam a vida em sua plenitude, em especial, as vidas das crianças negras? Como construir e efetivar propostas de reconhecimento do valor da vida a partir do combate ao racismo e a toda forma de preconceito e discriminação existente entre nós? Como pedagogicamente traduzir o combate ao racismo em posturas e estratégias pedagógicas ao trabalharmos com a educação das infâncias negras? Podemos ter as instituições educativas e as escolas partícipes das lutas antirracistas e democráticas, principalmente em atendimento à alteração da Lei 9.394/96, LDB, pela Lei 10.639/03 e suas respectivas Diretrizes Curriculares Nacionais para a Educação das Relações Étnico-Raciais e para o Ensino de História e Cultura Afro-brasileira e Africana?

Justiças cognitiva e curricular e a formação de educadores(as) das infâncias: a urgência da problematização

As pesquisas anteriormente apresentadas entre tantas outras ligadas ou não à área da educação que tematizam as crianças, as infâncias, suas interações, construções, potências e vivências no limite sinalizaram inúmeros processos desqualificadores de suas origens étnico-raciais, de gênero, de classe entre outros. Além disso, cada investigação em seus objetivos, trouxe elementos instigantes para a nossa reflexão sobre outras formas de produção de práticas pedagógicas, interações e de currículos.

Esses elementos, a nosso ver, são imprescindíveis na formação inicial e continuada de educadores(as), considerando que quaisquer mudanças significativas no âmbito da escola passam – ainda que se considere um conjunto de fatores históricos, sociais, culturais, políticos e econômicos – pelas intervenções nas formas de ver o mundo e o processo formativo dos sujeitos. Essas formas de ver o mundo precisam ser indagadas, pois são instância de formação – é necessário se predispor a isso enquanto formadores(as). Indagar porque nos inserimos numa sociedade caracterizada pela exclusão de diferentes formas constituindo as desigualdades, a perversidade das perspectivas coloniais ainda existentes na estruturação dos currículos escolares e dos modos de viver e conceber o mundo, o racismo, as violências relacionadas ao gênero, étnico-racial, religiosa, social, entre outras.

Ailton Krenak no livro *A vida não é útil* nos instiga também a pensar, pelo que se apresenta em nosso tempo, que tipo de educação e escola queremos para os mais novos, crianças e jovens, diante do imenso desafio que apresenta à existência das novas gerações a partir dos processos ininterruptos de destruição das vidas. Ele afirma que:

> Acho gravíssimo as escolas continuarem ensinando a reproduzir esse sistema desigual e injusto. O que chamam de educação é, na verdade, uma ofensa à liberdade de pensamento, é tomar um ser humano que acabou de chegar aqui, chapá-lo de ideias e soltá-lo para destruir o mundo. Para mim isso não é educação, mas uma fábrica de loucura que as pessoas insistem em manter. Talvez essa parada por causa da pandemia faça muita gente repensar por que mandam seus filhos para um reduto chamado escola e o que acontece com eles lá. Os pais renunciaram a um direito, que deveria ser inalienável, de transmitir o que aprenderam, a memória deles, para que a próxima geração possa existir no mundo com alguma herança, com algum sentimento de ancestralidade. Hoje, quem fala em ancestralidade é um místico, um pajé, uma mãe de santo, porque as "pessoas de bem" saíram de um MBA em algum lugar e não vão ficar falando esse tipo de coisa. São como uns ciborgues que estão circulando por aí, inclusive administrando grandes grupos educacionais, universidades e toda essa superestrutura que o Ocidente ergueu para manter todo mundo encurralado (KRENAK, 2020).

Partindo dessas reflexões é que destacamos as ideias relacionadas às justiças cognitiva e curricular. Gomes (2019) alerta para o fato de que o conceito e a abordagem do currículo, na perspectiva da justiça curricular, podem se constituir um caminho possível na busca de um lugar teórico de legitimidade dos estudos que abordam essa temática, principalmente aqueles produzidos por mulheres negras e pesquisadoras. Além disso, o fato de que as análises sobre raça, infância e Educação Infantil indagam e denunciam não somente as relações de poder e as desigualdades, mas também a existência e os impactos do racismo que afetam de forma contundente a vida e a dignidade das crianças pequenas negras e suas famílias.

Nesse sentido, destaca Gomes (2019, p. 1.018), uma melhor articulação entre as educadoras e os educadores que estão no cotidiano das instituições, nas práticas (com todos os desafios que isso representa agora em tempos de pandemia e suas leituras e repercussões) e as pesquisadoras e os pesquisadores que estão nas universidades e centros de educação será exigida. Não caberá entre nós disputas como: se pensamos que tal temática ou recorte é mais viável ou não, é credível ou não, interfere ou não na educação das crianças pequenas.

Isso porque, segundo Gomes (2019), problemas que pensávamos ter superado ao longo de anos de implementação de políticas sociais no período de 2003 a 2016, com o foco na pobreza, nos direitos humanos, na igualdade racial e de gênero, voltaram com força. É o que observamos em termos de ampliação das formas de violência, fome e morte; doenças antes erradicadas tendem a se acentuar e minar o direito à vida, à educação e à dignidade desses sujeitos. E ainda, assistimos desde abril de 2016 a uma virada conservadora no país, com o protagonismo de setores privatistas, fundamentalistas políticos e religiosos e fortalecimento do neoliberalismo em sua face mais perversa no sentido de que o que fora construído em termos de Estado de Direito e da democracia, pelos quais se lutou desde o golpe militar de 1964, torna-se uma questão descartável.

São constatados os ataques à educação desde a Básica até a Educação Superior nas mídias, nas redes sociais, nos discursos de representantes do governo, na retração orçamentária e nos projetos de leis e decretos emanados do poder central. Não é preciso dizer que os grupos que já viviam em situação histórica de maior desigualdade, discriminação e exclusão, os quais haviam sido parcialmente atendidos por meio de políticas sociais e de ações afirmativas, são os mais atingidos nesse "novo momento" – os coletivos sociais subalternizados, ameaçados, com vidas desperdiçadas ou ao "sul da quarentena".

> É preciso ser realista e ter coragem para enfrentar o que está por vir diante do acirramento das tensões e das violências estruturais e coloniais no mundo e no Brasil. Os grupos poderosos que sempre mantiveram o poder econômico às custas da exploração dos mais pobres se rearticularam. E toda sorte de violência e desigualdades que o grande capital e seus asseclas promovem se alastram com maior facilidade e rapidez, dada a estrutura colonial, racista e patriarcal sobre as quais se assenta o mundo, principalmente os países e povos mais pobres. Os tempos são insatisfatórios e de resistência democrática (GOMES, 2019, p. 1.018).

Todavia convém lembrar que esse tempo na visão de muitos estudiosos tem se configurado como exceção para alguns, mas, para outros a exceção sempre foi a regra, ou seja, sempre se esteve à margem e a pandemia apenas se constitui numa outra forma de revelar o que se quer historicamente não problematizar, identificar as origens. Não é demais referir-se ao que disse Walter Benjamin em relação ao seu tempo:

> A tradição dos oprimidos nos ensina que o "Estado de exceção" em que vivemos é na verdade a regra geral. Precisamos construir um conceito de história que corresponda a essa verdade. Nesse momento, percebemos que nossa tarefa é originar um verdadeiro estado de exceção; com isso, nossa posição ficará mais forte contra o fascismo. Este se beneficia da circunstância de que seus adversários o enfrentam em nome do pro-

gresso, considerado como uma norma histórica (BENJAMIN, 1989, p. 226).

Poderíamos nos perguntar o que têm a ver as justiças social, cognitiva e curricular com esse debate? Tudo. Ainda que nos limites do espaço para produção desse texto, podemos dizer que no bojo das pesquisas e das práticas pedagógicas no trabalho com as crianças, seja na educação fundamental, seja na Educação Infantil, em outros termos, considerando as realidades escolares de educadores(as) e as indagações provenientes delas e deles e das pesquisas, essa discussão instiga profícuos debates nos encontros formativos (presencial e *on-line*, essa última com todos os desafios possíveis).

Primeiro, é nesse tempo que a articulação coletiva por uma educação que reconheça a diversidade e realize a ação pedagógica alicerçada na justiça social e na democracia se faz ainda mais necessária. Nesse sentido, entendemos e concordamos com Madalena Duarte quanto ao conceito de justiça social, que afirma que ela está baseada

> [...] no compromisso público com os princípios da igualdade, distribuição, redistribuição e respeito pela diversidade. Numa sociedade onde haja justiça social, os direitos humanos encontram-se assegurados e as classes sociais mais desfavorecidas contam com oportunidades de desenvolvimento. Se, tradicionalmente, a preocupação com a justiça social, em ambiente de crescimento econômico, nem sempre é uma prioridade na agenda dos diversos governos, surgindo, por vezes, como capa de aparente promoção da igualdade, num clima de crise econômica mais facilmente essa preocupação é reduzida (DUARTE, 2012, p. 135).

Segundo, a justiça curricular nos instiga pensar que currículos ou, se quisermos, que projeto de formação temos desenvolvido/implementado no âmbito das escolas junto às crianças? Esses currículos, a despeito de que ele se desdobra em muitos sentidos em termos de sua efetividade, formas de sua materialização, conteúdos, entre outros, evidencia a multirreferencialidade de saberes e produções culturais relacionados aos coletivos sociais negros, brancos e indígenas? Ou prevalece a cosmovisão e interesses específicos dos coletivos de brancos e/ou a perspectiva eurocêntrica?

Essas indagações nos remetem ao estudo de Ponce e Neri (2015) que afirmam que a função social da escola e a justiça curricular se aproximam no âmbito de uma concepção que entende a escola numa perspectiva ampliada como uma instituição cujos objetivos vão além da instrução. Um espaço sociocultural que deve comprometer-se com a construção da dignidade humana, com o cuidado, com a proteção do sujeito, com a construção de uma convivência democrática e solidária entre os seres humanos como fundamentos de suas ações, projetos e interações.

Nessa direção, destaca Gomes (2019), referindo-se às pesquisas de algumas autoras e autores do Campo de Estudos do Currículo que têm encontrado um lugar epistemológico para as reflexões que articulam a complexidade das desigualdades, o desafio da diversidade e como também as mudanças curriculares e pedagógicas necessárias à escola e à formação de docentes. Com essa concepção de currículo, entendemos ser possível encontrar um lugar político-epistemológico para as discussões sobre as crianças, Educação Infantil e raça que supere a desconfiança sobre a sua importância ou legitimidade no campo teórico e na política educacional. Nesse sentido, ressalta-se que, segundo Ponce e Neri (2015):

> A justiça curricular se faz pela busca e prática do currículo escolar como instrumento de superação de desi-

gualdades; sendo a prática curricular a chave desse processo nas suas três dimensões fundamentais: a do conhecimento necessário para que os sujeitos do currículo se instrumentalizem para compreender o mundo e a si mesmos nele; a do cuidado com esses sujeitos envolvidos no processo pedagógico de modo a garantir que todos tenham condições dignas para desenvolver-se; e a da convivência democrática e solidária que deve ser promovida na escola (PONCE; NERI, 2015, p. 333).

Trata-se conforme essas autoras "de construir um currículo sempre revisto e pensado, inserido criticamente na moldura ampla das determinações sociais, que permite repensar o sentido das ações desenvolvidas na e pela escola" (p. 338). Em relação ao trabalho numa sala de aula ou em outro espaço já imaginamos ou nos interrogamos quanto aos sentidos e a decisão por práticas que levem em consideração as diferentes crianças e suas histórias de vida ou, em outras palavras, trabalhar com aquelas crianças que têm condições de um digno viver e aquelas que vivem a histórica negação política da ética na garantia dos direitos desde pequenos! Em especial, que lugar ocupa a criança negra nessa discussão?

Em terceiro lugar a questão da justiça cognitiva. Vários autores como Santos (2006) e Grosfoguel (2009) concordam, a nosso ver, embora se expressem de forma diferente, com a ideia de desmistificar a ideia de produção única de conhecimentos, no sentido de entender as consequências para a produção acadêmica, principalmente na formação dos mais novos quanto às ideias produzidas principalmente pela ciência ocidental que se baseia na existência de um conhecimento verdadeiro universal, principalmente pelo "olhar europeu" ou "advindos do norte", dos mais ricos, dos países hegemônicos. Boaventura Sousa

Santos (2006) afirma que não há uma forma para diversidade epistemológica do mundo. Há uma riqueza de saberes, conhecimentos e experiências desconsiderados na formação das crianças, dos jovens e de educadores(as) – ou melhor, em todas as áreas de conhecimento – que tem empobrecido as relações, reafirmado segregações, instigado ódios, racismos e outras formas de preconceito e discriminações em relação às mulheres, negros/negras, indígenas, LGBTQI+, crenças etc.

O desafio se amplia, pois interroga-nos em nossos entendimentos do que seja trabalhar de forma a se confrontar com um processo educacional que ao longo do tempo reafirmou por meio da formulação de políticas, práticas, programas, formação e pesquisas acadêmicas, organização social baseada em lógicas e padrão de poder pautados na meritocracia, dos indicadores que valorizam processos e não reconhecem os sujeitos em suas singularidades e diferenças. Identificamos, então, que defendemos e praticamos as injustiças cognitivas quando não reconhecemos, juntamente com o que foi construído histórica e culturalmente, as potências e construções advindas dos diferenciados coletivos sociais na história na formação das crianças, especialmente das crianças negras.

Nessa direção entendemos, para sistematizar nossa compreensão, o que destaca Valença (2014) que compreende a justiça cognitiva como relação que gera respeito entre os distintos saberes, oriundos de diversos contextos e que desconsidera hierarquias, privilégios e desigualdades. Esse autor destaca a reflexão de Maria Paula Meneses que afirma sobre isso que: "O conceito de justiça cognitiva assenta exatamente na busca de um tratamento igualitário de todas as formas de saberes e daqueles que o possuem e trabalham, abrindo o campo acadêmico à diversidade epistêmica no mundo" (MENESES, 2009, p. 235).

Em busca das potencialidades das ações pedagógicas para contribuir na luta contra as injustiças

Entendemos que há potencialidades nas ações pedagógicas nos âmbitos populares, ainda que pouco conhecidos e/ou publicizados no âmbito acadêmico e nos diferentes movimentos que visam a construção de ações emancipatórias, principalmente na formação das crianças. Ainda que existam ações importantes nas instituições escolares, elas ainda não possuem a visibilidade necessária na formação de educadores(as) e das comunidades que lutam por um digno viver.

Sendo assim, será relevante a contínua articulação entre as pesquisas, as práticas pedagógicas das(os) educadoras(es) e as comunidades no sentido de produzir pensamento crítico da problematização das práticas e suas fontes de constituição, como os materiais didáticos, concepções de educação, conhecimento, infâncias e relações étnico-raciais, partindo do foco deste capítulo e ampliando à medida que se avança na construção de uma prática emancipatória e relações com as comunidades, principalmente com as famílias das crianças. Esse movimento pode dar concretude ao que vínhamos discutindo, dialogando quanto ao que se entende por justiças curricular e cognitiva. No dizer de Gomes (2019),

> O conceito de justiça curricular, ao pautar-se na justiça social, possibilita a compreensão não somente do currículo como produto e processo, mas, principalmente, da vida dos sujeitos que estão na escola na sua diversidade de classe, de gênero, de raça e de orientação sexual. Considera a relação de tensão que essas identidades ocupam na conformação do conhecimento, no cotidiano, nas imagens e nas autoimagens que os docentes e discentes constroem uns dos outros e de si mesmos (GOMES, 2019, p. 1.026).

De outro modo, no âmbito colaborativo e de compromisso ético e social constatamos que houve um grande avanço na produção acadêmica no sentido de trabalhar na perspectiva de elaboração de materiais didáticos e formativos disponibilizados nas mídias, especialmente sob domínio público, que contemplem, entre outras, a diversidade de infâncias, de crianças e suas identidades étnico-raciais, de gênero, de classe, de credo religioso, de nacionalidades, as histórias de vida e desafios do viver de seus coletivos sociais, além de outras construções culturais. Aqui nesse imenso universo de produções de trabalhos de brasileiros e brasileiras, destacamos o Neinb/USP – Núcleo de Estudos Interdisciplinares sobre o Negro Brasileiro – Coleção A Percepção das Diferenças; os trabalhos do Ceert – Centro de Estudos de Relações de Trabalho e Desigualdades, as publicações do MEC – Educação Básica (2003-2013), Faculdades de Educação das universidades públicas, centros de educação, por exemplo, a publicação da *Revista Eletrônica Multilíngue de Educação*, da Universidade Federal de São Carlos, Programa de Pós-graduação em Educação com o tema "Infâncias e relações étnico-raciais", Território do brincar, produção de e-books relacionados às infâncias, pedagogias e educação para diferenças, entre tantas outras.

Associando pesquisas acadêmicas, diálogos com os movimentos sociais, com comunidades e educadores(as) constituímos diferentes formas de instaurar práticas justas no âmbito das instituições escolares que fortaleçam a construção de processos emancipatórios que promovam e instaurem transformações. Essas se articularão a processos maiores, estruturais, no dizer de Gomes (2019):

> Lutar por uma sociedade e uma educação democráticas e com justiça social, em tempos de recrudesci-

mento do neoliberalismo, exacerbação do capitalismo, de ideologias fascistas, racistas e de extrema-direita no mundo é, portanto, radicalizar a experiência da democracia. Essa radicalização implica uma tomada de posição que, a despeito de vivermos historicamente em uma estrutura social pautada nas tensas relações de poder e nos violentos processos de colonização, escravidão e patriarcado, se recusa a permanecer na inércia social e política e busca a emancipação social (GOMES, 2019, p. 1.019).

Sendo assim, entendemos que a emancipação consoante diferentes teóricos, por exemplo, Santos (1999) e Giddens (1991) deve ser pensada considerando os níveis político, social, econômico, cultural, epistemológico, religioso e educacional, envolvendo lutas que envolvem não só o campo das ideias, mas as realidades concretas, as práticas, as vivências dos sujeitos em diferentes tempos e espaços, além do desenvolvimento de um pensamento crítico-reflexivo. Numa perspectiva mais ampla, pois a educação se dá na sociedade com seus conflitos e contradições, está relacionada à reivindicação de direitos legítimos mobilizados por lutas e por reconhecimento em que se explicitam a interdependência e as relações recíprocas entre política e direito (TAYLOR, 2000; HONNETH, 2003), como destaca Melo (2011).

Além disso, afirma Medeiros (2015):

> Um processo de emancipação vinculado a uma política emancipatória inclui uma política social de autor-realização e possibilidades de uma vida de satisfação pessoal para todos os indivíduos (GIDDENS, 1991) em um processo de luta constante por um mundo melhor e onde o homem afirma não ser escravo de algum modo de produção material ou um ser alienado nas mãos daqueles que detêm os meios de produção (MEDEIROS, 2015, s.p.).

Ademais, o pensamento de Paulo Freire relacionado à emancipação e consciência crítica desinstala-nos uma vez mais, convocando-nos para uma responsabilização quanto às mudanças que desejamos, individual e coletivamente no sentido de não apenas entender a consciência crítica como percepção das relações de opressão e desumanização, mas, sobretudo de nos comprometermos com nossa própria transformação entre inúmeros desafios relacionados à precarização do trabalho docente e violências às quais todos nós estamos submetidas(os) nesse tempo.

Assim, Paulo Freire (1980/1987) entende a emancipação como processo de libertação política, cultural e social de todos os oprimidos, que libertam a si e aos(às) opressores(as). Com isso, que formação de educadoras(es) das infâncias queremos desenvolver no sentido de que se promovam as justiças cognitiva e curricular? Essa é uma das discussões a serem desencadeadas no âmbito das instituições e nos encontros de formação de educadoras(es) envolvendo coordenações pedagógicas, gestoras(es) das escolas de educação básica, sobretudo, as instituições de educação superior, especialmente, aquelas responsáveis pela formação inicial de educadores(as) das nossas infâncias, principalmente as negras e as pobres, que vivem cotidianamente situações de desigualdades e discriminações acirradas pela pandemia do coronavírus instaurada no mundo desde 2020.

Considerações finais

Os estudos sobre as crianças e suas infâncias evidenciam grandes possibilidades de subsidiarem mudanças no interior das escolas em suas múltiplas práticas docentes e pedagógicas no trato das relações étnico-raciais. E o importante nesse processo é reconhecer que esses estudos oriundos de diferentes áreas do conhecimento articulados às perspectivas crítico-e-mancipatórias que considerem as diversidades e diferentes saberes e sujeitos possibilitam transformações nos campos individual e coletivo.

Acreditamos que é nessa conjuntura que a educação, mais especificamente a Educação Infantil e o Ensino Fundamental estão inseridos nas lutas contras as desigualdades de gênero, de classe, sexo e na erradicação do racismo. Inserem-se, portanto, nas lutas por emancipação.

Qualquer profissional da educação, de qualquer área e campo de atuação, principalmente aqueles e aquelas que vivem em sociedades com histórico colonial e com profundas desigualdades e injustiças, deve se comprometer com a construção de um projeto educativo emancipatório. Essa é uma das formas de enfrentar os ataques conservadores que vivemos atualmente. Assim, a justiça curricular articulada à justiça cognitiva poderá ser potencializada e alcançará uma dimensão libertadora e emancipatória:

> [...] a justiça curricular faz-se pela busca e pela prática do currículo escolar como instrumento de superação de desigualdades; desse modo, podemos discutir que falta às instituições educativas e escolares não somente fazer a justiça curricular, na prática. Falta-nos compreender e praticar a justiça cognitiva. Essa poderá ser a inflexão crucial e necessária à teoria educacional e ao campo do currículo; e deverá se fazer presente na postura e na prática das pesquisadoras, das educadoras, das professoras, das gestoras e de todos os profissionais envolvidos na educação, de um modo geral, e na Educação Infantil, em particular (GOMES, 2019, p. 1.037).

Assim, entendemos que as ações e as práticas emancipatórias das profissionais que atuam com as infâncias precisam considerar as justiças curricular e, sobretudo, a cognitiva. E isso pressupõe compreensão, vivência e prática associando-se às concepções de sociedade, democracia, justiça e conhecimento para se constituir numa perspectiva de insurgência. Ao contrário, continuaram se erigindo e se impondo sobre a educação das crianças e, em especial, as negras e pobres, concepções reformistas e conservadoras que em nada têm a ver com emancipação.

As concepções reformistas não tomam as estruturas sociais e seus conflitos e contradições como objetos/processos a serem questionados. Mas para ajuste e arranjos ao sabor das diretrizes e ordens emanadas do mercado e das grandes corporações empresariais, envolvendo a todos em mecanismos de financeirização e privatização da educação e de outras políticas sociais, a existência de práticas de avaliação metrificadas (nacional e internacional) que negam as diversidades étnico-culturais e disparidades regionais, reducionismo do entendimento da função social da escola vinculando-a apenas ao ensinar a ler, escrever, fazer operações matemáticas e responder aos propósitos e *slogans* de efeitos de *marketing* e propaganda.

Tudo isso, conforme Araújo (2015), adestra os olhos e a mente de toda a sociedade para a aceitação acrítica sobre a interseccionalidade de classe, raça e gênero na reprodução de desigualdades. De outro modo, pode-se dizer, na perspectiva das práticas emancipatórias por nós defendida neste capítulo:

> Em relação às infâncias, e, no caso da Educação Infantil, de suas diretrizes e normas o entendimento desse processo torna-se uma exigência dos currículos de formação de educadores(as). Isto porque é nela que podemos iniciar processos educativos que ampliam o universo sociocultural das crianças e desenvolver práticas de educar e cuidar que não omitam a diversidade étnico-racial. Assim, desde cedo, podemos apren-

der e conhecer diferentes realidades e compreender que a experiência social do mundo é muito maior do que nossa experiência local, e que esse mesmo mundo constituído é formado por civilizações, histórias, grupos sociais e étnico-raciais. E é também bem cedo em sua formação que as crianças podem ser educadas para considerar o outro e romper com preconceitos em diferentes situações, espaços e com quaisquer sujeitos (ARAÚJO, 2015, p. 286).

Para concluir, vale destacar ainda dois pontos abordados por Gomes (2019): o primeiro refere-se à ideia da não neutralidade da infância e de que ela não está blindada dos preconceitos e das discriminações, pois são aprendidos e socializados em sociedade, na família, na mídia, nos relacionamentos, na vivência da desigualdade e, também, nas instituições educacionais. Se o racismo é aprendido e construído em sociedade, o antirracismo também. Por isso a educação é tão importante e é também pelo mesmo motivo que as infâncias são ciclos da vida importantes na construção e no aprendizado de práticas antirracistas e emancipatórias.

O segundo ponto abordado pela autora supracitada é a ideia de que não cabe à Educação Infantil e à educação das infâncias, de uma forma geral, e aos seus currículos negarem a existência do racismo, mas, é necessário que elas sejam instâncias nas quais as práticas de reconhecimento, justiça, direito e emancipação se façam presentes de forma pedagógica e política nos processos cotidianos, nas relações entre os sujeitos, nas escolhas didáticas, no cuidado com o corpo dos bebês e das crianças pequenas, negras e brancas, no trato com a família, na formação inicial, na formação em serviço e nas políticas educacional e curricular.

Referências

ABRAMOWICZ, A.; OLIVEIRA, F.; RODRIGUES, T.C. A criança negra, uma criança e negra. In: ABRAMOWICZ, A.; GOMES, N.L. (orgs.). **Educação e raça: perspectivas políticas, pedagógicas e estéticas**. Belo Horizonte: Autêntica, 2010, p. 75-96.

ARAÚJO, M. **Infância, Educação Infantil e relações étnico-raciais**. Tese de doutorado. Faculdade de Educação – Programa de Pós-graduação Conhecimento e Inclusão Social. Universidade Federal de Minas Gerais, 2015, 335 p.

BENJAMIN, W. **Magia e técnica, arte e política**. Obras escolhidas I. São Paulo: Brasiliense, 1989.

CAVALLEIRO, E.S. **Do silêncio do lar ao fracasso escolar: racismo, preconceito e discriminação na educação**. São Paulo: Contexto, 2003.

CONNEL, R. **Gender and power: society, the person and sexual politics**. Stanford: Stanford University Press, 1987.

CORSARO, W. Interpretative reproduction in children's role play. **Childhood**, 1, 1992, p. 64-74.

CORSARO, W. **Sociologia da infância**. 2. ed. Trad. Lia Gabriele Regius Reis. Porto Alegre: Artmed, 2011.

DIAS, L.R. **Diversidade étnico-racial e Educação Infantil: três escolas, uma questão, muitas respostas**. Dissertação de mestrado. Orientadora: Ana Lucia Eduardo Farah Valente. Campo Grande: Universidade Federal do Mato Grosso do Sul, 1997.

DIAS, L.R. **No fio do horizonte: educadoras da primeira infância e o combate ao racismo**. Tese de doutorado. Orientadora: Denice Barbara Catani. São Paulo: Universidade de São Paulo, 2007.

DUARTE, M. Justiça social. In: CENTRO DE ESTUDOS SOCIAIS. **Dicionário das Crises e das Alternativas**. Coimbra: Almedina, 2012, p. 135-136.

FAZZI, R.C. **O drama racial de crianças brasileiras: socialização entre pares e preconceito**. Belo Horizonte: Autêntica, 2004.

FREIRE, P. **Conscientização: teoria e prática da libertação – Uma introdução ao pensamento de Paulo Freire**. 3. ed. São Paulo: Cortez & Moraes, 1980.

FREIRE, P. **Pedagogia do oprimido**. Rio de Janeiro: Paz e Terra, 1987.

GIDDENS, A. **As consequências da Modernidade**. Trad. de Raul Fiker. São Paulo: Unesp, 1991.

GODOY, E.A. **A representação étnica por crianças pré-escolares: um estudo à luz da teoria piagetiana**. Dissertação de mestrado. Orientador: Orly Zucatto Mantovani de Assis. Campinas: Universidade Estadual de Campinas, 1996.

GOMES, N.L. Raça e Educação Infantil: à procura de justiça. **Revista e-Curriculum**, São Paulo, v. 17, n. 3, p. 1.015-1.044 jul.-set./2019. e-ISSN: 1809-3876 Programa de **Pós-graduação Educação: Currículo – PUC/SP** [Disponível em http://revistas.pucsp.br/index.php/curriculum –Acesso em 09/08/2020].

GROSFOGUEL, R. Para descolonizar os estudos de economia política e os estudos pós-coloniais: transmodernidade, pensamento de fronteira e colonialidade global. In: SANTOS, B.S.; MENESES, M.P. (orgs.). **Epistemologias do sul**. Coimbra: Almedina, 2009, p. 383-417.

HONNETH, A. Teoria crítica. In: GIDDENS, A.; TURNER, J. (org.). **Teoria social hoje**. Trad. de Gilson Cardoso de Souza. São Paulo: Unesp, 1999.

JAMES, A.; JENKS, C.; PROUT, A. **Theorizing childhood**. Cambridge: Polity Press, 1998.

KRENAK, A. **A vida não é útil**. São Paulo: Companhia das Letras, 2020.

MARTINS, J.S. **O massacre dos inocentes**. São Paulo: Hucitec, 1993.

MEDEIROS, A.M. **Emancipação política e social** [Disponível em https://www.sabedoriapolitica.com.br/products/emancipacao-politica-e-social/ – Acesso em 20/07/2021].

MELO, R. Teoria crítica e os sentidos da emancipação. **Caderno CRH**, Salvador, v. 24, n. 62, p. 249-262, ago./2011 [Disponível em https://www.scielo.br/pdf/ccrh/v24n62/a02v24n62.pdf – Acesso em 20/10/2020].

MENESES, M.P. Justiça cognitiva. In: CATTANI, A.; LAVILLE, J.L.; GAIGER, L.I.; HESPANHA, P. (orgs.). **Dicionário Internacional da Outra Economia**. Coimbra: Almedina, 2009, p. 231-236.

PONCE, B.J.; NERI, J.F.O. O currículo escolar em busca da justiça social: a violência doméstica contra a criança e o adolescente. **Revista e-Curriculum**, São Paulo, v. 13, n. 2, p. 331-349, abr.-jun./2015.

QVORTRUP, J. Nine theses about "childhood as a social phenomenon". In: QVORTRUP, J. Childhood as a social phenomenon: lessons from of international Project. **Eurosocial Report**, Viena, n. 47, 1993, p. 11-18.

ROSEMBERG, F. A criança pequena e o direito à creche no contexto dos debates sobre infância e relações raciais. In: BENTO, M.A.S. (org.). **Educação Infantil, igualdade racial e diversidade: aspectos políticos, jurídicos, conceituais**. São Paulo: Ceert, UFSCar, MEC, 2011 [Disponível em https://goo.gl/Myn4JA – Acesso em 20/07/2021].

SANTOS, B. **A gramática do tempo: para uma nova cultura.** São Paulo: Cortez, 2006.

TAYLOR, C. A política do reconhecimento. In: TAYLOR, C. **Argumentos filosóficos.** São Paulo: Loyola, 2000.

TRINIDAD, C.T. **Identificação étnico-racial na voz de crianças em espaços de Educação Infantil.** Tese de doutorado. Pontifícia Universidade Católica de São Paulo, 2011.

TURINO, C. Prefácio. In: ACOSTA, A. **O bem viver: uma oportunidade de imaginar outros mundos.** São Paulo: Editora Elefante, 2016.

VALENÇA, M.M. **Ecologia de saberes e justiça cognitiva – O Movimento dos Trabalhadores Rurais Sem Terra (MST) e a Universidade Pública Brasileira: um caso de tradução?** Tese de doutorado. Orientador: Prof.-Dr. António Sousa Ribeiro. Faculdade de Economia da Universidade de Coimbra, 2014.

2
O bem-viver e o ubuntu das crianças quilombolas

Patrícia Maria de Souza Santana

> *Dedico este texto a todas as crianças do mundo; em especial ao menino Miguel, morto em 02/06/2020 em Recife, vítima do descaso e do racismo.*

Introdução

> *A Natureza ressoava como um corpo em comunicação, falando e ouvindo. No vento que soprava nas folhas, a emoção do homem via a Natureza e a projeção da voz divina chegando à terra.*
>
> Edmilson de Almeida Pereira

Essa epígrafe se refere a uma outra forma de compreensão da relação entre o ser humano e a Natureza. A Natureza, nesse caso, é considerada como parte imanente das pessoas, num entrelaçar de existências que, unidas nas circularidades da vida, constituíam o mundo. Nos dizeres de Pereira (2005, p. 352), "O homem percebia o mundo e especialmente a Natureza como um conjunto de coisas vivas".

Este capítulo aborda os entrelaçamentos entre as visões de mundo postuladas pelos povos indígenas da América Latina, o bem-viver, e pelos povos *bantu* do continente africano, o ubuntu e algumas experiências das crianças quilombolas[4]. Essas duas filosofias, ou visões de mundo, dialogam justamente com a perspectiva da interdependência entre seres humanos e Natureza apontando para valores e práticas de boas convivências, ancoradas na busca/vivência radical de uma vida plena.

Buscaremos refletir sobre como as vivências das crianças no Quilombo possuem interlocuções com o bem-viver e com ubuntu, principalmente no que tange às vivências comunitárias, às experiências com o sagrado, ao pertencimento identitário associado ao território e à dinâmica cultural que mantêm vivas as tradições passadas de geração em geração. As duas filosofias também são interculturais, pois dialogam com saberes de povos diversos da América Latina e da África.

Diante da pouca visibilidade dada às crianças negras e quilombolas nas políticas públicas e nas agendas de pesquisa, consideramos fundamental trazê-las para a centralidade das discussões e estudos sobre as infâncias. A compreensão de que as crianças são produtoras de cultura e que participam ativamente da vida em sociedade marca uma determinada forma de perceber as infâncias como potente caminho de compreensão das diversas culturas. Como os quilombos ainda são desconhecidos da maioria da sociedade brasileira, apresentar uma parte do que são, pela ótica de suas crianças, é um rico caminho para a desconstrução de estereótipos e construção de processos de respeito e valorização de povos que resistiram e resistem histo-

---

4. Crianças do Quilombo Mato do Tição localizado em Minas Gerais. Este capítulo se baseia na pesquisa de doutorado realizada no período de 2011-2015 na comunidade quilombola citada e que culminou na tese defendida no Programa de Pós-Graduação Educação, Conhecimento e Inclusão Social da Faculdade de Educação da UFMG.

ricamente às diversas formas de opressão, racismo e tentativas de aniquilamento de suas culturas.

A maioria das crianças e adolescentes negros vivem no Brasil em contextos de desigualdades. O racismo que permeia todos os campos da nossa sociedade faz com que meninos e meninas negras sejam vítimas constantes da discriminação racial em diversos espaços como: nas casas comerciais, nas escolas, nas ruas, nos hospitais, no meio urbano ou rural. Enfrentam permanentemente situações de hostilidade, de preconceito ou de segregação e são alvo do genocídio que atinge historicamente a população negra. Vítimas das mais variadas formas de violência, especialmente das forças do Estado. Recentemente assistimos as estarrecedoras estatísticas do número crescente de adolescentes e crianças negras assassinadas nos grandes centros urbanos. De acordo com o 14º Anuário Brasileiro de Segurança Pública, em 2019, do total de 4.971 crianças e adolescentes mortas de forma violenta, 75% eram negras. Em 2020, somente no Rio de Janeiro, 12 crianças negras foram vitimadas por armas de fogo[5].

Os danos provocados pelo racismo nas infâncias marcam diversas gerações que se veem às voltas com situação de extrema pobreza, escassez de oportunidades educacionais de qualidade, dificuldades em construírem uma autoimagem positiva, acirramento do sentimento de inferioridade além de terem suas vidas interrompidas precocemente pelo fenômeno intitulado recentemente como *necroinfância* (NOGUEIRA, 2020).

Em um mundo marcadamente adultocêntrico, ancorado em valores eurocentrados e com legados coloniais ainda latentes em diversas partes do planeta, privilegiar as vozes das crian-

---

5. Disponível em https://www.extraclasse.org.br/geral/2020/12/ja-sao-12-criancas-mortas-por-arma-de-fogo-no-rio-em-2020/

ças negras e quilombolas[6], com suas experiências e valores, poderá trazer forças renovadoras capazes de alentar as buscas por outras lógicas de organização da vida distintas daquelas que já se mostraram ineficazes e sem futuro: lógicas de expropriação, precarização, etnocidas, racistas e focadas no desenvolvimento exploratório dos seres humanos e não humanos. Portanto considera-se fundamental a ampliação dos estudos sobre as infâncias negras considerando as crianças como produtoras de conhecimento e cultura.

Tanto a filosofia do bem-viver quanto a filosofia ubuntu carregam em seus pressupostos pontos de convergência que dizem de outra lógica de pensar e organizar o mundo e a vida no planeta. Tais pressupostos não desprezam as tradições e as fortes ligações e interdependências entre ser humano e Natureza[7] aliadas aos constantes movimentos de manutenção dos laços comunitários. Eminentemente, são formas de viver/pensar de resistência, assim como são as formas de viver das comunidades quilombolas no Brasil.

Igualmente importante é a compreensão da existência de uma totalidade na qual as pessoas se constituem enquanto pessoas (SILVA, 2003). As duas filosofias consideram que a relação interpessoal é imanente à vida e à sobrevivência, não sendo possível existir e viver plenamente sem os outros e as outras e sem harmonia com todos os seres vivos e os elementos da Natureza num sistema de cooperação e solidariedade (ACOSTA, 2016).

As crianças, especialmente, expressam em seus modos de vida essa condição das interdependências com relação às pes-

---

6. Incluindo-se as crianças negras, indígenas e todas aquelas pertencentes a grupos e culturas estigmatizadas e desprezadas.

7. Natureza com maiúscula como é grafada nos escritos sobre a filosofia do bem-viver, considerando-se a importância da Natureza, tanto quanto dos seres humanos.

soas e ao meio/Natureza. Elas se desenvolvem na constante interação, em um aprendizado contínuo mediado por inúmeros sujeitos e seres.

As crianças do Quilombo Mato do Tição, que foram foco de nossos estudos sobre seus modos de ser, demonstraram através da vivência de suas infâncias, uma proximidade especial com elementos do bem-viver e do ubuntu. Brincando intensamente, vivendo plenamente em sua inter-relação com as pessoas e seu meio, inteiradas de sua cultura e pertencentes a uma comunidade rica e dinâmica em seus processos de produção da vida. Ancoradas nos valores ancestrais, as crianças quilombolas[8] praticam a *cosmovivência*[9].

Contextualizando o bem-viver

> *O bem-viver surge de visões utópicas, está presente de diversas maneiras na realidade do ainda vigente sistema capitalista e se nutre da imperiosa necessidade de impulsionar uma vida harmônica entre os seres humanos vivendo em comunidade.*
>
> Alberto Acosta

O bem-viver é uma filosofia de vida[10] que nasce principalmente dos povos andinos e amazônicos, mas que pode ser percebida em diversas outras culturas e em diversas formas de

---

8. É importante considerar que ao destacar o potencial das crianças quilombolas não estamos idealizando essas crianças e suas vidas que são permeadas de conflitos e desafios como é a vida em sua inteireza.

9. A cosmovivência é o sentir-se membro do cosmos em que se vive, numa relação respeitosa com todos os seres, considerados sujeitos e não objetos (KASHINDI, 2015).

10. Cabe ressaltar que a filosofia do bem-viver foi sistematizada por diversos pensadores e pensadoras, mas como chama a atenção Acosta (2016): "Normalmente há poucos textos no mundo indígena – o que é compreensível, tratando-se de culturas orais. [...] no entanto, há alguns trabalhos que recolhem contribuições indígenas e algumas leituras do debate, a partir das visões indígenas.

organizar a vida e perceber o mundo em contraposição ao capitalismo e ao desenvolvimento predatório. O bem-viver vem sendo adotado como uma espécie de perspectiva esperançosa para se pensar alternativas aos sistemas de expropriação e exploração do trabalho, das pessoas e da Natureza. Recentemente no Brasil o movimento de mulheres negras adotou o bem-viver como lema da Marcha de Mulheres Negras realizada em 2015[11] no Distrito Federal. Do mesmo modo, outros movimentos adotaram a filosofia como uma forma de empreender "lutas contra o colonialismo e o capitalismo a partir de outras racionalidades" (KASHINDI, 2015, s/p.).

Recentemente (2008-2010) o bem-viver foi sistematizado por intelectuais, políticos e povos indígenas no Equador (*Buen Vivir*) e na Bolívia (*Vivir Bien*) por ocasião do processo constituinte nos dois países que incluíram em suas constituições pressupostos importantes que compõem essa (nova) forma de vida.

> No Equador, reconheceu-se a Natureza como sujeito de direitos. Postura biocêntrica que se baseia em uma perspectiva ética alternativa, ao aceitar que o meio ambiente – todos os ecossistemas e seres vivos – possuem um valor intrínseco, ontológico, inclusive quando não têm qualquer utilidade para os humanos (ACOSTA, 2016, p. 36).

O bem-viver também é compreendido como um componente importante de fortalecimento dos valores democráticos como a liberdade, a igualdade e a solidariedade incorporando-se aos conceitos de vida comunitária, respeito às diversidades e às formas de organizações familiares e comunitárias. Consti-

---

11. **Marcha das Mulheres Negras 2015 – Contra o Racismo e a Violência e pelo Bem-viver.**

tuindo-se assim como um projeto emancipador, principalmente pelos povos da América Latina que sofreram e sofrem com os processos coloniais de negação de suas raízes históricas e culturais para se adequarem à lógica desenvolvimentista. Desenvolvimento esse ancorado na visão de acumulação, na exploração desenfreada e irresponsável dos recursos naturais, no consumismo e na produção e reprodução das desigualdades econômicas, sociais e étnico-raciais.

Nessa perspectiva, o bem-viver questiona a visão eurocêntrica de progresso que se impõe aos povos do Sul como expansionista influente e destrutivo. Tal visão forjou a dicotomia entre mundo civilizado e mundo primitivo. O mundo civilizado é aquele que sabe manipular e dominar a Natureza e explorá-la em benefício próprio fazendo desaparecer territórios e populações tradicionais. Essas populações compõem grupos que empreenderam e empreendem uma longa busca por outras lógicas de produção e alternativas de vida, rompendo com o antropocentrismo apresentando como princípio o *biocentrismo*, em que todas as formas de vida são importantes. Em tal perspectiva, a Natureza também pode ser compreendida como sujeito, sendo inconcebível sua exploração e sua destruição em nome de um desenvolvimento econômico desigual.

Povos indígenas e quilombolas são historicamente agentes de processos que constituem muitos dos princípios do bem-viver, porque ele se faz a partir de uma "sabedoria prática" e "nutre-se dos aprendizados e experiências e dos conhecimentos das comunidades, assim como das suas diversas formas de produzir conhecimentos" (ACOSTA, 2016, p. 82). Os conhecimentos a partir das concepções do bem-viver são plurais e diversos "abarcam a interligação entre todas as entidades do cosmo, incluindo dimensões materiais, intelectuais, emocionais, afetivas e espirituais" (SIQUEIRA, 2017, p. 179).

Uma expressão que traduz o bem-viver seria *vivendo em comunidade em harmonia consigo e com a Pachamama, a Mãe Natureza*. Essa expressão, que não pretende simplificar algo tão complexo como a filosofia do bem-viver, nos ajuda a localizá--la melhor na concretude de algumas formas de vida que estão presentes em outras filosofias ou perspectivas que questionam a dominação europeia no mundo e as opressões advindas da colonização e do imperialismo. É o que pretendemos apresentar a seguir.

Ubuntu, outras vias para o *sentipensar*[12]

> *No horizonte ubuntu, parafraseando Desmond Tutu, a outra pessoa é condição de possibilidade para minha realização como ser humano; o outro me dá confiança na minha confiança, na minha humanidade, porque a compartilhamos.*
>
> Jean Bosco Kashindi

A filosofia ubuntu – presente entre os povos de diversas localidades do continente africano e especialmente entre os povos *bantu* da África subsaariana – passou a ter maior evidência a partir da constatação de que os colonizadores não consideravam os africanos como povos pensantes e dotados de racionalidade, e, por conseguinte, entendidos como sem humanidade. Empreenderam-se esforços para a sistematização da filosofia ubuntu que passou a configurar não como uma ausência de racionalidade e humanidade como postulavam os colonizadores, mas como outra forma de pensar e se constituir como humano.

---

12. Expressão do filósofo congolês Jean Bosco Kakozi Kashindi para designar as formas contra-hegemônicas de pensar o mundo e a vida em que afetividade, espiritualidade e racionalidade não são excludentes.

Em suma, a filosofia africana *bantu*[13] foi uma reflexão crítica reivindicativa de um tributo eminentemente humano que é a razão. Se os africanos têm uma ontologia diferente, uma ética diferente, metafísica, infere-se que possuem uma racionalidade diferente da ocidental (KASHINDI, 2015, s/p.).

A filosofia ubuntu tem seus fundamentos nas vivências comunitárias e nas suas relações com as pessoas. Sendo que *ubuntu ungamuntu ngabanye abantu* (Xhosa) ou *Umunutu ngumuntu ngabantu* (Zulu) significa "a pessoa é ou torna-se pessoa por meio de ou através de outras pessoas", ou o que se popularizou pelo mundo: "eu sou porque nós somos", que pode ser compreendida como o contrário do: "eu sou porque tu não és"; essa última percebida como anti-humana na perspectiva contra-hegemônica e não eurocêntrica (KASHINDI, 2015).

O ser pessoa, na dimensão ubuntu, abre para o entendimento de que o processo de humanização é um movimento constante, "o ser humano nunca termina de ser" (KASHINDI, 2015). Também na filosofia ubuntu, o outro não é somente o ser humano, mas também a Natureza e as outras entidades cósmicas. Como no bem-viver, todos os seres são importantes, cabe aqui o conceito *igualdade biocêntrica* cunhado por Eduardo Gudynas[14], em que todas as espécies têm a mesma importância e, portanto, merecem ser protegidas.

Na perspectiva ubuntu o desenvolvimento humano se dá em comunidade, a pessoa se fortalece através dos laços comunitários e familiares, ancoradas em suas experiências tecidas na convivência e nas interações com o mundo/Natureza num ciclo dinâmico e constante. A noção de pertencimento é fun-

---

13. Bantu = pessoa.
14. Apud Acosta, 2016, p. 131.

damental. Pertencer a um grupo, família, território, lugar, povo e cultura – em cuidado permanente com o outro – completa a circularidade da vida.

Enquanto epistemologia, a filosofia ubuntu constitui-se como um movimento contra-hegemônico e crítico aos sistemas que se pretendem universalizantes. Apresenta-se como um campo fértil de resistência à cultura ocidental que pretendeu silenciar e apagar as formas de viver e conceber a vida dos povos africanos. Os conhecimentos emanados do ubuntu são circulares, coletivistas e inclusivos. Compreendem que os aprendizados se dão por toda a vida e não são lineares (NOGUERA e BARRETO, 2018), (SIQUEIRA, 2017), (SILVA, 2003).

A infância no Quilombo Mato do Tição

> *A informação não é experiência. E mais, a informação não deixa lugar para a experiência, ela é quase o contrário da experiência, quase antiexperiência.*
>
> Larrosa

O Quilombo do Mato do Tição está situado na cidade Jaboticatubas, região metropolitana de Belo Horizonte. A constituição do Quilombo data dos finais do século XIX quando, logo após a abolição da escravidão, um pequeno grupo de libertos recebeu do antigo senhor as terras que passaram a habitar.

Mato do Tição possui uma dinâmica cultural marcada pela religiosidade afro-brasileira em comunhão com o catolicismo de devoção aos santos. Também mantém viva a tradição do candombe, "o candombe não é uma festa e sim um ritual de origem banto que tem a marca do sagrado com elementos do catolicismo, da umbanda e do culto aos antepassados" (SANTANA, 2015, p. 78).

As crianças do Quilombo Mato do Tição foram o foco central da pesquisa de doutorado. A observação e a participação dos vários momentos da sua vida se deu no período de 2012 a 2014. Participaram do processo de pesquisa um grupo de 15 crianças entre 2 e 15 anos, grupo esse composto majoritariamente por meninas em sua maioria autodeclaradas pretas e pardas. Realizou-se um aprofundamento com um grupo menor composto por 6 meninas e 1 menino com idade entre 7 e 13 anos. Todas as crianças com idade acima de 5 anos estudavam em escolas públicas localizadas fora da comunidade. Também algumas pessoas adultas foram interlocutoras no processo de pesquisa com destaque para 4 mulheres com idade entre 35 e 75 anos. A metodologia utilizada foi a etnografia complementada e enriquecida por alguns outros recursos que se tornaram fundamentais para estabelecer o diálogo com as crianças e compreender os seus modos de vida. Alguns desses recursos foram: entrevistas; desenhos confeccionados pelas crianças; conversas direcionadas; questionários para traçar o perfil das crianças; passeio pelo quilombo; produção de pequenos textos narrativos pelas crianças; abecedário, visando à percepção das crianças sobre o lugar em que vivem[15].

As crianças de Mato do Tição representam um pequeno grupo dentro da comunidade, são ativas e participantes em praticamente todas as atividades comunitárias e familiares. Suas infâncias são marcadas por múltiplas aprendizagens de diversas formas e em diversos contextos: nas brincadeiras, nas festas, nas práticas religiosas, nas oficinas culturais realizadas

---

15. Para maior aprofundamento sobre a metodologia utilizada, cf. SANTANA, P. Desafios metodológicos na pesquisa com crianças no Quilombo Mato do Tição (MG). In: MIRANDA, S.; GOMES, N.L. **Diálogos entre sujeitos: práticas e conhecimento**. Belo Horizonte: Mazza, 2018.

no lugar, com os mais velhos, com outras crianças e com as pessoas externas[16] ao Quilombo que são presença constante no local.

As singularidades da infância no Mato do Tição podem ser percebidas, por exemplo, nos processos de construção da identidade quilombola e de uma identidade negra positivada. As crianças expressam orgulho do lugar, de sua identidade, da sua cultura e de seus laços familiares: "Eu gosto de ser daqui, tenho orgulho! Não quero mudar nunca daqui, nunca. Minha família é toda daqui; é o lugar mais gostoso do mundo!" (Ayanan, 11 anos). "A gente festeja com muita alegria, eu toco batuque, danço no candombe, toco tambor" (Nala, 8 anos).

Elas também são atravessadas por dilemas, interrogações e angústias, principalmente quanto aos preconceitos e discriminações das quais são alvo quando saem da comunidade. Paralelamente, nos aprendizados dentro do Quilombo, constroem repertórios de enfrentamento desses processos de subalternização de sua condição de criança negra e quilombola valorizando a si mesmas e sua cultura. As crianças expressam tristeza e sentimentos ruins quanto ao preconceito sofrido e reagem tentando mostrar as diferenças de sua comunidade: que Mato do Tição tem especificidades, é um quilombo e por isso tem maioria de pessoas negras e cultura predominante ligada às tradições afro-brasileiras. Abaixo dois relatos das crianças que ilustram as tentativas de responder às discriminações sofridas

> O pessoal falava que o povo daqui é macumbeiro, também chamaram a Keezy de neguinha do saci. Eu prefiro explicar e não brigar. O que tem de diferente aqui é a fogueira, coroação, candombe [...] (Nala, 8 anos).

---

16. ONGS, projetos culturais, pesquisadores.

Nós somos adolescentes como outro qualquer, a mesma coisa, só que a nossa cultura é diferente e é interessante também. A gente faz as mesmas coisas que outras crianças e adolescentes. Brincamos, jogamos bola, nos divertimos, gostamos de passear. Tem telefone e Facebook e também temos folia, candombe, festa de São João, reza do cruzeiro, batuque e carnaval (Kênia, 13 anos).

O racismo atravessa a própria existência histórica dos quilombos no Brasil e em Mato do Tição as crianças vão vivenciar suas primeiras experiências com o racismo na escola. Muitos foram os relatos das discriminações sofridas por serem negras e por serem quilombolas. Pretas, macumbeiras, gente feia, povo esquisito, *neguinha do saci* são algumas das expressões e xingamentos relatados. Abaixo um extrato de um diálogo da pesquisadora com a menina Keezy[17] (7 anos):

Kz. – Eles me chamaram de preta. O primeiro dia de aula tinha um tanto de meninos brancos, pardos, só eu que era preta. Eu chegava perto das meninas e ninguém queria ficar perto de mim, saía fora, a única que brincava comigo era uma menina que chamava F. que mudou de escola. Quando eu passei pro segundo eles começou a gostar de mim então... Mas eles me chamavam de preta, que eu tinha o cabelo ruim, que falaram da minha família. Quando minha mãe faleceu eles falaram de minha mãe, eu brigava, jogava cadeira neles, eu tinha vontade porque eu queria jogar eles da janela. Um menino lá falou da mãe "que não tô nem aí que ela morreu que podia ela ir pro satanás", eu queria pegar esse menino pro pescoço e jogar pela janela, eu tive vontade de matar ele. No outro ano ele me chamou de preta e eu falei "cês tem inveja de mim porque são tudo branco, pardo e não tem um dia de felicidade, agora eu, tenho só dia de felicidade e vocês ficam aí igual escorregando na maionese".

---

17. Nome fictício.

P. – Qual é o dia de felicidade?

Kz. – É... O dia de felicidade é o dia 20 de novembro, o dia dos negros. Aí que eu gosto mesmo. Os meninos ficam falando assim parabéns, hoje é dia dos negros!

P. – Esse dia 20 de novembro comemora na escola?

Kz. – Comemora na escola não, só aqui no Matição mesmo.

P. – Então foi aqui que você aprendeu sobre esse dia?

Kz. – Foi aqui, agora na escola, tem festa junina, dia dos negros assim não (SANTANA, 2015, p. 164).

As visões estereotipadas sobre Mato do Tição e seu povo atravessam a trajetória das crianças, deixando marcas terríveis. Paralelamente, as meninas e os meninos do Quilombo também vão elaborando suas percepções e repertórios de enfrentamento ao racismo. Os aprendizados da resistência são tecidos igualmente nas movimentações políticas e afirmativas[18] das lideranças e na escuta atenta dos mais velhos com seus exemplos de vida, luta, apreço pela vida em comunidade, por suas tradições e espiritualidade. Espiritualidade que marca a vida cotidiana e entrelaça crianças, jovens, adultos e idosos numa teia de significações da vida em comunhão com o sagrado de forma muito peculiar em que as entidades do panteão *bantu* associadas aos santos católicos – e dentre esses os santos negros – fazem parte da tradição religiosa praticada pelo povo do Quilombo e por suas crianças. De acordo com Pereira (2005), as religiosidades afro-brasileiras representaram e representam formas de resistência, principalmente as violências praticadas pelo sistema escravista e pela escravidão.

---

18. Ativismo na associação quilombola, comemorações e debates no Dia da Consciência Negra, ensinamentos das tradições incorporadas no cotidiano das crianças e também como oficinas nas atividades do ponto de cultura, redes de trocas com outras comunidades quilombolas, criação do bloco de carnaval do Quilombo, rememorações de práticas culturais esquecidas como o batuque e as quadrilhas etc.

Assim, as famílias também se constituem como *ethos* de reação às tentativas de aniquilamento empreendidas pelos sistemas coloniais. Não sem razão que as famílias nas comunidades quilombolas e em Mato do Tição têm lugar especial na vida de seus membros. Família como *locus* para a preservação e mudança de um modo de viver trazido da África e reelaborado no Brasil (PEREIRA, 2005).

Nos aspectos elencados acima sobre a comunidade quilombola e suas crianças são perceptíveis os entrelaçamentos com as filosofias do bem-viver e do ubuntu, principalmente aqueles referentes à importância dada aos valores comunitários, às formas constantes de resistir e no enfrentamento do racismo: participando de organizações políticas, reafirmando a identidade afro-brasileira e quilombola, mantendo e reelaborando as tradições que estão embasadas em princípios de solidariedade e manutenção da vida ligados à terra, ao território e também à construção de conhecimentos que se contrapõem à cisão entre razão/espiritualidade, ser humano/Natureza.

As crianças demonstraram através de seus desenhos aquilo que atribuem importância em suas vidas e na vida da comunidade: as casas interligadas por trilhas (comunicação entre as famílias); a capela como espaço de religiosidade; a Natureza embelezando o ambiente e fornecendo alimentos (frutas, chás, peixes, caças etc.); as pessoas em diversas atividades de interação nas festas, brincadeiras e no candombe; os animais presentes em todas as casas e no entorno; os espaços públicos de interação e encontro de amigos, parentes e visitantes, diversão, jogos, músicas, danças e invenções.

O Quilombo não é um paraíso nem lugar idílico, mas carrega historicamente as cicatrizes da escravização, da expropriação, do racismo, do desrespeito praticado pelos brancos, pelos usurpadores de terra, pelos patrões e pelo Estado, como também pelos conflitos inerentes a qualquer condição humana. Mas Mato do Tição é também lugar de aconchego, é casa, é espaço de luta e de fé e de incorporação dos conflitos como importantes para o desenvolvimento das pessoas. Abaixo um pequeno texto produzido por uma das meninas que ilustra uma parte de suas vivências na comunidade:

> A festa de São João é uma reza religiosa. Nesta festa vem muitas pessoas pra ver a fogueira se queimar, as pessoas passam na brasa, só quem tem fé. Vende várias coisas gostosas como caldo de mandioca e de feijão, pastel, maçã do amor, chá de amendoim e quentão. As pessoas viram a noite com o show que tem e é muito gostoso de dançar. Gosto muito dessa festa. Aposto que todo mundo gosta dessa festa religiosa. As pessoas cantam na reza que tem na igreja de dona Divina. Quando eles passam na brasa eles falam "viva São João, viva Nossa Senhora de Lourdes" (Ayana, 10 anos).

As crianças vivenciam uma infância dinâmica e rica em valores, práticas e atribuição de sentido ao que podem experienciar. Destacaremos aqui alguns desses valores que estão em comunhão com as filosofias africanas e indígenas.

As expressões do bem-viver e do ubuntu na vida das crianças do Quilombo Mato do Tição

A plenitude nas brincadeiras das crianças

Noguera e Barreto (2018) nos chamam a atenção para o significado de infância nas culturas xhosa na África do Sul, nas quais "ubuntwana" quer dizer infância, e "umntwana", criança. Percebe-se o prefixo *ubunto* e seu complemento *twana*, que remetem à afetividade, ao amor/encantamento pela vida, diferentemente de seu significado ocidental em que infância é ausência de fala. Sabemos que os estudos contemporâneos sobre a infância[19] têm empreendido esforços para caracterizar a infância como potente de realizações e produção de saberes considerando as crianças como sujeitas participantes do mundo com processos constantes de elaboração de sentido e significado sobre o que percebem, sentem e conhecem.

Nessas perspectivas, compreendemos as crianças do Mato do Tição como pessoas encantadas com a vida, principalmente por sua capacidade de brincar de muitos jeitos e em diversos contextos, dispondo de poucos artefatos industrializados utilizam frequentemente do que está a sua disposição na Natureza, criando brinquedos e brincadeiras. Elas também buscam nas situações cotidianas e nas suas culturas, elementos para roteirizarem seus textos brincantes cheios de realidade e dramaticidade. As crianças brincam de muitas coisas e brincam das coisas que fazem parte da tradição da comunidade como a Folia de reis e Candombe que compõem suas rotinas. Elas já nascem participando desses eventos, divertem-se com eles nas ocasiões festivas e revivem nas brincadeiras essa cultura já incorporada.

> Diante de máscara e roupas deixadas na capela, elas se tornam foliões da Folia de reis e brincam de assustar as crianças menores. Com tambores disponíveis depois das oficinas de capoeira, encenam o candombe brincando de ser a dona Divina, a matriarca da comunidade. O candombe, que é aprendido e ensinado sem pressa, toma a dimensão de brincadeira quando Laila (8 anos) dança o candombe como se fosse a dona Divina e provoca risos entre as outras crianças. Ali, ela pratica os movimentos e começa a cantar os cantos, muitas vezes tão enigmáticos para os adultos e de difícil entendimento para as crianças (Diário de campo).

---

19. Kramer, 2002; 2007; 2010; Sarmento, 2005; Corsaro, 2002; 2005, para citar alguns.

Sobre a brincadeira de Folia de reis uma das meninas explica o uso das máscaras:

> Por que põe a máscara na Folia de reis? Deve ser pra num aparecer a cara da pessoa porque fica sem graça, ou porque... já viu o *véio*? Ele tem barba, então tem que usar a máscara porque a pessoa que não tem barba vai ficar... tem que ficar parecido com os reis (Keezy, 7 anos).

A criança do Mato do Tição é um ser brincante (SANTANA, 2015, p. 116). A brincadeira livre é parte integrante na vida das crianças, as brincadeiras direcionadas por adultos da comunidade, praticamente inexistem. As crianças brincam livremente sempre que têm oportunidade: nos intervalos das práticas religiosas e reuniões, durante as festas, nos horários em que não estão na escola, aguardando o ônibus escolar, em intervalos das oficinas das quais participam etc.

As brincadeiras mais recorrentes são: casinha, mamãe-filhinha, pegador, bola, esconde-esconde, queimada, rouba bandeira, corre cotia, polícia e ladrão. E existem aquelas que são inventadas como: salão de beleza, escolinha, restaurante, Folia de reis, Candombe.

A partir do inventário e observação das brincadeiras[20] tornou-se possível compreender que as atividades lúdicas emergem das suas experiências de vida: os tipos de trabalhos exercidos por suas famílias, o cuidado com a higiene e a beleza, bem como aquelas próximas à cultura local como Candombe e Folia de reis. É visível como as crianças se organizam autonomamente desde bem pequenas e como conseguem exercer os princípios da reciprocidade e solidariedade como, por exemplo, não

---

20. Na pesquisa de campo foram identificadas 30 tipos de brincadeiras a partir do relato de 4 gerações da comunidade quilombola Mato do Tição (SANTANA, 2015).

deixando nenhuma criança de fora e ensinando às pequeninas como brincar, além dos cuidados dispensados pelos maiores para que não se machuquem. Nas brincadeiras em que se agregam diferentes idades, "às crianças menores é dada a oportunidade de aprender com as maiores de forma efetiva, numa situação em que crianças aprendem com crianças" (SANTANA, 2015, p. 120).

A plenitude das brincadeiras na vida das crianças reside no seu potencial criativo, na sua capacidade de observar e interagir com o mundo adulto e reelaborar através de jogos e microencenações eivadas de realidade aquilo que apreendem do mundo em que estão inseridas. Igualmente importantes são as produções colaborativas de interação com o seu cotidiano: encenam conversas ao telefone, tornam-se donas de salões de beleza e de restaurante, são mães dedicadas e amorosas, imitam os mais velhos brincando de candombe. De acordo com Nogueira e Barreto:

> Nossa interpretação é simples, o sentido filosófico da infância que está presente na palavra *ubuntwana* é notável. A infância é a condição de possibilidade de experimentação da humanidade individual através da vivência com outros seres humanos, afirmação da nossa condição de seres interdependentes. Portanto, a partir de uma análise semântica da palavra *ubuntwana*, a infância guarda a proximidade com o próprio sentido de ubuntu (NOGUERA; BARRETO, 2018, p. 631).

Brincar e viver intensamente pelas brincadeiras, pelas experimentações e curiosidades é um modo de expressão do bem-viver e do ubuntu, pois ambos trazem a dimensão de constituição da humanidade a partir de processos que se dão por toda a vida e têm na infância um momento privilegiado. O significado de *ubuntwana*, como afetação pela experiência em

Mato do Tição, foi elucidado nas vivências das brincadeiras das crianças do quilombo.

A reciprocidade no cuidado com as crianças – Vivências comunitárias e solidariedade

No Quilombo Mato do Tição, frequentemente são observadas crianças cuidando de crianças. Casos que podem acontecer esporadicamente, mas, em algumas situações, essa prática compõe as suas rotinas. Geralmente eram as meninas, irmãs ou primas, que cuidavam dos pequenos, mas houve situações em que os meninos também cuidavam de suas irmãs pequenas.

Um caso recorrente foi de uma menina de 13 anos que cuidava de sua irmã de 2 anos praticamente durante todo o dia nos finais de semana, dando banho, comida, colocando para dormir, levando na casa da avó, acompanhando durante algumas atividades realizadas no ponto de cultura ou em alguma festa. Nesse caso, a menina mais velha agia como uma segunda mãe, educando a irmã.

Outro exemplo era de um menino de 11 anos que constantemente cuidava de sua irmã de 3 anos. Em uma das situações, durante um passeio pelo entorno do Quilombo, a menina foi levada pelo irmão, que a carregava em diversas situações em que ela começava a chorar. Nesse dia, várias crianças ajudaram a olhar a menina, mas a responsabilidade maior estava a cargo do seu irmão mais velho.

Nesses dois exemplos e em outras situações observadas não ocorreu nenhum momento de impaciência por parte das *crianças cuidadoras*. Pelo contrário, demonstravam muita amorosidade no cuidado com os irmãos ou primos. Os momentos de "braveza" aconteciam quando cometiam alguma desobediência ou quando faziam algum tipo de pirraça. Mas, normalmente, o ato de cuidar dos pequenos era algo natural e estava incorporado às suas rotinas.

Essa prática é comum em diversas culturas. Gomes, Silva e Pereira (2013) chamam a atenção para a participação das crianças indígenas xacriabá[21] na vida social da comunidade, destacando seus processos de interação com os adultos e com outras crianças. O conceito de corresponsabilidade foi utilizado pelas autoras para definir a forma marcante de inserção das crianças em seu próprio processo de socialização. A corresponsabilidade é observada "quando a criança participa na posição de ser guiada por quem é mais velho e mais experiente, assim quando tem que responder pela condução de quem é menor e menos experiente" (GOMES; SILVA; PEREIRA, 2013, p. 11).

A inserção das crianças em seu mundo social e as formas de aprendizagens que lhes são oportunizadas requerem a construção de processos de identidade e de identificação. Nesse sentido, o desejo de fazer parte é um potente impulsionador de aprendizagens. No caso das crianças que cuidam de crianças, a naturalidade com que lidam com essa "obrigação" é o reflexo dessa dinâmica em que os maiores conduzem os menores. Também as crianças com mais idade ainda se encontram na fase de aprender com alguém mais velho. Para as autoras citadas acima "existe uma contemporaneidade da posição de mestre e aprendiz que é continuamente atualizada nas diferentes práticas compartilhadas" (GOMES; SILVA; PEREIRA, 20013, p. 11).

Gomes (2008) considera que crianças educadas em um contexto de zelo para com outras crianças, desde cedo irão "demonstrar o sentido de cuidado e responsabilização para com os menores, assim como se apoiam na ação e na presença dos maiores para realizar o que desejam" (GOMES, 2008, p. 6).

---

21. Comunidade indígena localizada no município de Missões, MG.

Em diversas culturas africanas foi observado um correlato da corresponsabilidade: a noção de reciprocidade, inerente à filosofia de que o comunitário se sobrepõe ao individual. Os objetivos comuns estão acima dos do indivíduo, a comunidade tem um valor maior. Existem, portanto, pontos de interação mútua entre a pessoa e a comunidade na qual está inserida, sendo que o *ethos* da cultura africana comunitária está presente em várias práticas e em diversos povos.

Cuche (1999), citando a pesquisa realizada por Jacqueline Rabain (1979) entre os povos wolof (Senegal) a respeito da educação das crianças, destaca também o caráter comunitário sobreposto ao individual presente nessa cultura:

> A pedagogia wolof é essencialmente uma pedagogia da comunicação. A aprendizagem do uso social da palavra é muito codificada e é ao mesmo tempo a aprendizagem de uma gramática das relações sociais. Definitivamente, as aquisições sociais são mais importantes do que a realização "pessoal" da criança e do que as aquisições técnicas, cuja aprendizagem não é sistematizada (CUCHE, 1999, p. 92).

Também Medaets (2011), ao tratar das aprendizagens entre crianças ribeirinhas do Baixo Tapajós no Amazonas, refere-se a Rabain (1979) e seus estudos sobre os wolof, destacando o caráter da doação presente nessa cultura que guia a ação dos adultos e das crianças que estabelecem relações com seus pares mediadas pelo valor da doação.

> O sistema educativo wolof visa menos impor uma lei do adulto à criança do que criar condições para tomada de consciência e o respeito à "lei dos irmãos", dos "iguais". Desde a mais tenra idade, e por meios muitíssimo sutis, é sempre sugerida à criança que o "outro" é antes de tudo o "irmão", o companheiro de idade [...].

Todos em seu entorno induzem na criança os gestos de doação e de partilha [...], e as trocas laterais [entre pares] que se afirmam assim graças à mediação longamente privilegiada da doação e da oferta se desenvolvem em detrimento das trocas verticais [adulto-criança] que lhe antecedem (RABAIN, 1979, p. 77, apud MEDAETS, 2011, p. 6).

Para Coetzee (2004), a *boa vida* para o indivíduo akan[22] coincide com o bem da comunidade. Existe uma comunidade de reciprocidade na qual cada membro está em relação dialógica com outros membros, ou seja, uma relação que exige o reconhecimento de obrigações e noções recíprocas. Nesse sentido, em uma comunidade de reciprocidade, os membros reconhecem o fato de que uma vez que os projetos pessoais que perseguem e que dão sentido às suas vidas são projetos disponibilizados por uma estrutura cultural que lhes dão sustentação, é um dever da pessoa ajudar a sustentar essa estrutura. Quando se compreende que sustentar as práticas de reciprocidade significa preservar um contexto cultural, que é uma espécie de pré--requisito para uma vida significativa na comunidade, a "obrigação" estará, então, incorporada.

A prática de crianças cuidarem de crianças, que está presente em Mato do Tição, possivelmente pode dialogar com a noção de reciprocidade presente entre o povo akan e outros povos africanos, afro-brasileiros e indígenas. Esse diálogo também é possível com as filosofias do bem-viver e ubuntu. Isso se deve ao fato de que essa prática já está incorporada como um elemento importante para a manutenção da vida de sua família e comunidade. As crianças não expressam desconforto com a obrigação de cuidarem de irmãos e primos pequenos. É uma

---

22. Grupo étnico linguístico da África Ocidental que inclui os ashanti, que estão presentes nos territórios de Gana e Costa do Marfim.

prática que está arraigada na comunidade de Mato do Tição e tem muita importância para o grupo.

> Todos estavam tocando algum instrumento. Ayana e Kele disseram que hoje tinha pouca gente na oficina. Seu João apareceu com chapéu e embornal e disse que não tinha ninguém para olhar a Lígia (2 anos). A menina é sua neta e tem uma irmã de 7 anos e um irmão de 11 anos, a mãe havia falecido e seus avós ficaram com elas. Quando Seu João disse que não tinha ninguém para olhar a Lígia, Carolina pegou a menina no colo. Durante a realização da oficina de capoeira todos ajudaram a olhar a menina, inclusive seu irmão e outras primas que revezavam carregando a pequena ou brincando com ela (Diário de campo).

As memórias de uma pessoa adulta do Quilombo sobre sua infância revelou o quanto a prática existe há mais tempo na Comunidade.

> Eu brincava olhando os meninos. Porque geralmente os mais velhos olhavam os mais novos. Eu ficava brincando com eles e olhando. Eu brincava de casinha, debaixo da árvore, cobria com um plástico velho. Brincava com bola do mato, uma árvore que dá umas bolas. Eu ficava olhando enquanto eles brincavam de carrinho de manivela que a gente fazia. Eu ficava olhando pra eles não brigarem (Quilombola do Mato do Tição, 35 anos. In: SANTANA, 2015, p. 210).

Lancy e Grove (2010) analisam os processos de crianças aprendendo com crianças e apresentam um interessante aspecto do povo afikpo (África) em que as crianças desempenham um papel-chave no cuidado dos recém-nascidos:

> Quando o bebê nasce, depois de ser lavado, é doado para uma criança pequena para ser carregado até a casa onde a mãe passará os próximos dias e quase ao mesmo tempo ela será em parte olhada pela criança pequena. Eu vi uma garotinha de 5 ou 6 anos carre-

gando um recém-nascido sobre seus ombros dando-lhe água para beber (LANCY; GROVE, 2010, p. 183; tradução minha).

De acordo com as autoras, o cuidado com os irmãos é predominante nas culturas do continente africano e demais partes do mundo. As crianças têm oportunidade de interagir com seus pares em diferentes graus ao redor do mundo. Enquanto interagem umas com as outras, as crianças aprendem habilidades úteis em situações de brincadeira, tarefas domésticas e outros tipos de trabalho. Para Lancy Grove (2010), os irmãos mais velhos gostam de tomar conta dos irmãos mais novos porque podem brincar com eles enquanto exercem o seu papel de cuidadores. As autoras também analisaram essa prática entre os maias no México:

> Entre os maias, os irmãos que tomam conta de irmãos, eles ensinam para seus irmãos mais novos todo tipo de coisas, tais como tomar conta de bonecas, fazer comida e bebida de mentira ou brincar de lojinha. Os irmãos mais velhos são aptos a decidir o que eles ensinam para os mais novos, como e o que aprendem durante o tempo em que estão juntos (LANCY; GROVE, 2010, p. 184; tradução minha).

Em várias situações observadas em Mato do Tição, assim como no relato de Acotirene citado aqui, confirmam a circulação de uma prática cultural que é passada de geração em geração dentro da Comunidade. As crianças pequenas têm nas maiores seus modelos de observação, e mesmo que a princípio não exista um ensino explícito, as maiores ensinam às menores, que têm, nas mais velhas, uma espécie de espelho no qual buscarão traçar, a partir de suas próprias particularidades e capacidades, formas de cuidar de si e de lidar com o mundo que as cercam. Assim elas tecem na convivência e na solidariedade os entrelaçamentos que as tornam parte da comunidade.

Considerações finais

As reflexões em torno do bem-viver/ubuntu das crianças quilombolas abrem caminhos para vislumbrarmos outras possibilidades de vida e outra ética no cuidado do humano e de todos os seres presentes em nosso mundo. Não seria possível finalizar esse texto sem trazer o nosso *sentipensar* sobre esses tempos de pandemia do novo Coronavírus. Tempos em que, de um lado, alimentamos esperanças de novas formas de nos relacionarmos com a vida e, de outro, assistimos com desalento todas as formas de brutalidade com as pessoas e com a Natureza. Nesse contexto já existem análises e reflexões sobre os impactos da pandemia sobre a população negra[23].

Depois de alguns silêncios em torno da situação das crianças no contexto da pandemia[24], surgem notícias que demonstram o quanto, mesmo com todas as adversidades, meninas e meninos buscam criativamente vivenciarem suas infâncias através das brincadeiras, dos desenhos, dos cantos e danças e das interações amorosas com suas famílias.

Também nos deparamos com as violências agudizadas pelas lógicas adultocêntricas em que as crianças ficaram mais expostas às negações de seus direitos, à violabilidade dos seus corpos, aos processos de pauperização desencadeados pelas desigualdades estruturais; nesse contexto, as crianças negras são as mais atingidas. Crianças em todo mundo em situação de guerras e de refúgio, crianças indígenas, negras, quilombolas e

---

23. Gomes, 2020; Wikifavelas, 2020.
24. Ribeiro, 2020; Martins, 2020.

empobrecidas ainda seguem vitimadas pelos sistemas de opressão e exploração nos quais o capitalismo representa o exemplo máximo dos processos de desumanização e destruição do meio ambiente.

Assim como as mulheres, e em especial as mulheres negras, que estão enredadas em um cotidiano de constante trabalho[25]; de dificuldades em garantir o sustento das famílias, vítimas da violência doméstica; as crianças, cuidadas por essas mulheres, estarão ainda mais expostas se políticas públicas não focarem nesse segmento da população de forma propositiva e intersetorial envolvendo áreas da saúde, assistência social, educação e cultura.

Torna-se importante e necessário empreender esforços para que o mundo seja um lugar habitável e digno para todas as crianças, para todos os seres, para todo o cosmo. Mundo no qual a cosmovivência seja realidade para muitos e muitas que ainda insistem em se encantar pela vida.

Referências

ACOSTA, A. **O bem-viver**. São Paulo: Autonomia Literária/ Elefante, 2016.

BARREO, M. Já são 12 crianças mortas por arma de fogo no Rio em 2020. **Extra Classe**, 08/12/2020 [Disponível em https:// www.extraclasse.org.br/geral/2020/12/ja-sao-12-criancas-mor tas-por-arma-de-fogo-no-rio-em-2020/ – Acesso em 28/01/2021].

COETZEE, P. Particularity in Morality and Relation to Community. In: COETZEE, P.; ROUX, P. **Filosophy from Africa**. 2 ed. Oxford: Oxford University, Press, 2004.

---

25. SOF. **Sem parar**, 2020.

CORSARO, W. A. **Sociologia da infância**. Porto Alegre: Artmed, 2011.

CUCHE, D. **A noção de culturas nas ciências sociais**. Bauru: Edusc, 1999.

GASKIS, S.; PARADISE, R. Learning Tthrough Observation in Daily Life. In: LANCY, D., BOCK, J.; GASKINS, S. **The Anropology of Learning in Childhood**. Lanham: Altamira, 2010, p. 85-118.

GOMES, A.M.R. Outras crianças, outras infâncias? In: SARMENTO, M.; GOUVEA, M.C.S. (org.). **Estudos da infância: educação e práticas sociais**. Petrópolis: Vozes, 2009, p. 82-96.

GOMES, A.M.R.; SILVA, R.C.; PEREIRA, V.M. Aprendizagens e vida cotidiana entre meninos e meninas Xacriabá. **Simposio Interamericano de Investigación Etnográfica de la Educación**, Los Ângeles, set./2013.

GOMES, N.L. A questão racial e o novo coronavírus no Brasil. In: FRIEDRICH EBERT STIFTING BRASIL. **Trabalho e justiça social** [Disponível em http://library.fes.de/pdf-files/bueros/brasilien/16315.pdf –. Acesso em 20/08/2020].

GYEKYE, K. **Pessoa e comunidade no pensamento africano**. Tradução para uso didático de Thiago Augusto de Araújo Faria [Disponível em https://filosofia-africana.weebly.com/uploads/1/3/2/1/13213792/kwame_gyekye_-pessoa_e_comuni dade_no_pensamento_africano.pdf – Acesso em 25/05/2020].

KASHINDI, J.B.K. **Ubuntu – Filosofia africana confronta poder autodestrutivo do pensamento ocidental, avalia filósofo**. Entrevista concedida a Ricardo Machado [Disponível em http://www.ihuonline.unisinos.br/artigo/6252-jean-bosco-kakozi-kashindi – Acesso em 10/08/2020].

KRAMER, S. Autoria e autorização: questões éticas da pesquisa com crianças. **Cadernos de Pesquisa**, São Paulo, n. 116, p. 41-59, jul./2002.

LANCY, D.; GROVE, A. The Role of Adults in Children's Learning. In: LANCY, D.; BOCK, J.; GASKINS, S. **The Anthropology of Learning in Childhood**. Lanham: Altamira, 2010, p. 145-180.

LARROSA, J. Notas sobre a experiência e o saber da experiência. **Revista Brasileira de Educação**, n. 19, p. 20-28, jan.-abr./2002.

MARTINS, L.B. **Brincadeiras revelam como crianças estão lidando com a pandemia**. Site Lunetas notícias, Instituto Alana [Disponível em: https://lunetas.com.br/brincadeiras-revelam--como-criancas-estao-lidando-com-a-pandemia/ – Acesso em 05/09/2020].

MEDAETS, C. "Tu garante?" – Reflexões sobre infância e as práticas de transmissão e aprendizagem na região do Baixo Tapajós. **Congresso Luso Afro-Brasileiro de Ciências Sociais – Diversidades e Desigualdades**. Salvador: Edufba, 2011.

NOGUERA, R. **Necroinfância – Por que as crianças negras são assassinadas?** Lunetas, 2020 [Disponível em https://lunetas.com.br/necroinfancia-criancas-negras-assassinadas/ – Acesso em 05/01/2021].

NOGUERA, R.; BARRETO, M. Infancialização, ubuntu e teko porã: elementos gerais para educação e ética afroperspectivista. **Childon & Philosophy**, v. 14, n. 31, set.-dez./2018, p. 625-644 [Disponível em www.e-publicações.uerj.br – Acesso em 25/08/2020].

PEREIRA, E.A. **Os tambores estão frios: herança cultural e sincretismo religioso no ritual do candombe**. Belo Horizonte: Mazza, 2005.

RIBEIRO, F. Afroinfância em tempos de pandemia – Como estão nossas crianças? **Alma Preta Jornalismo**, 13/05/2020 [Disponível em https://almapreta.com/editorias/realidade/afroinfancia-em-tempos-de-pandemia-como-estao-as-nossas-criancas – Acesso em 30/08/2020].

SANTANA, P. **Modos de ser criança no Quilombo Mato do Tição, Jaboticatubas-MG**. Tese de doutorado. Belo Horizonte: Universidade Federal de Minas Gerais/Programa da Pós-Graduação em Educação Conhecimento e Inclusão Social, 2015.

SANTANA, P.; GOMES, N.L.; GOMES, A.M.R. Desafios metodológicos na pesquisa com crianças no Quilombo Mato do Tição (MG). In: MIRANDA, S.; GOMES, N.L. **Diálogos entre sujeitos: práticas e conhecimentos**. Belo Horizonte: Mazza, 2018.

SANTANA, P.; GOMES, N.L.; GOMES, A.M.R. As pluralidades do ser criança no Quilombo Mato do Tição – MG. **Revista da ABPN**, Brasília, v. 10, 2018 [Disponível em http://www.abpn revista.org.br/revista/index.php/revistaabpn1/article/view/530 – Acesso em 29/06/2020].

SARMENTO, M.J.J. Sociologia da infância: correntes e confluências. In: SARMENTO, M.J.J.; GOUVEA, M.C. **Estudos da infância: educação e práticas sociais**. Petrópolis: Vozes, 2008, p. 17-39.

SILVA, E.R.; OLIVEIRA, V.R. **Nota Técnica n. 70: Proteção de crianças e adolescentes no contexto da pandemia Covid-19**. Brasília: Ipea, mai./2020 [Disponível em http://repositorio.ipea.gov.br/bitstream/11058/10041/1/NT_70_Disoc_Prote cao%20de%20Criancas%20e%20Adolescentes%20no%20Con texto%20da%20Pandemia%20da%20Covid_19.pdf> – Acesso em 26/07/2020].

SILVA, P.B.G. Aprender a conduzir a própria vida – Dimensões do educar-se entre afrodescendentes e africanos. In: BARBOSA, L.M.A. (org.). **De preto a afrodescendente: trajetos da pesquisa sobre relações raciais no Brasil.** São Carlos: Edufscar, 2003, p. 181-197.

SIQUEIRA, J. Bem-viver, ubuntu e a sociomuseologia: contribuições para descolonizar a educação museal. In: **Revista Pensamento Atual**, v. 17, n. 28, p. 174-185, 2017 [Disponível em dialnet.unirioja.es – Acesso em 27/08/2020].

SIROTA, R. Emergência de uma sociologia da infância: evolução do objeto e do olhar. **Cadernos de Pesquisa**, São Paulo, n. 112, p. 7-31, mar./2001.

SOF; GÊNERO E NÚMERO. **Sem parar: o trabalho e a vida das mulheres na pandemia.** São Paulo, 2020 [Disponível em http://mulheresnapandemia.sof.org.br/wp-content/uploads/2020/08/Relatorio_Pesquisa_SemParar.pdf – Acesso em 20/08/2020].

UNICEF. **Nota técnica – Proteção da criança durante a pandemia do coronavírus.** Brasília, 2020 [Disponível em https://www.unicef.org/brazil/sites/unicef.org.brazil/files/2020-04/nota-tecnica_protecao-crianca-durante-pandemia-coronavirus_0.pdf – Acesso em 08/08/2020].

WIKIFAVELAS. **Análise e propostas sobre a realidade do coronavírus nas favelas** [Disponível em https://wikifavelas.com.br/index.php?title=An%C3%A1lises_e_propostas_sobre_a_realidade_do_coronav%C3%ADrus_nas_favelas – Acesso em 03/09/2020].

3
Hoje é dia de festa maior/êh, viva, êh, viva!

Maria Goreth Herédia Luz
Yone Maria Gonzaga
Ridalvo Félix de Araújo

Introdução

A promulgação da Constituição Federal do Brasil, em 1988 – CF 88 significou um avanço na garantia de direitos para todas as crianças. No art. 5º, inciso LV, garantiu-se o princípio de cidadania para o público infantil – pois, até então, as crianças eram classificadas como *menores* – em razão de sua incapacidade jurídica, segundo o Código de Menores de 1979. A partir da CF 88, a menoridade passou a ser considerada apenas uma convenção, posto que os direitos e garantias fundamentais (respeito à dignidade e solidariedade humana) devem alcançar todas as fases da vida.

A CF 88 incorporou a doutrina de proteção integral expressa na Declaração dos Direitos da Criança (1959) adotada pela Organização das Nações Unidas – ONU, princípio que está disposto em seu art. 27, o qual determina:

> É dever da família, da sociedade e do Estado assegurar à criança, ao adolescente e ao jovem, com absoluta prioridade, o direito à vida, à saúde, à alimentação, à educação, ao lazer, à profissionalização, à cul-

tura, à dignidade, ao respeito, à liberdade e à convivência familiar e comunitária, além de colocá-los a salvo de toda forma de negligência, discriminação, exploração, violência, crueldade e opressão (Redação dada Pela Emenda Constitucional, n. 65, 2010).

O art. 227 da CF 88 serviu de base para a elaboração do texto da Lei 8.069/1990 conhecida como o Estatuto da Criança e do Adolescente – ECA, onde se consolidou a inclusão das crianças (pessoas até 12 anos de idade incompletos) como sujeitos de direitos.

O ECA garante a todas as crianças o direito à liberdade, ao respeito e à dignidade como pessoas humanas em processo de desenvolvimento, independentemente do histórico familiar, sexo, raça ou etnia, crença ou religião, "deficiência, condição pessoal de desenvolvimento e aprendizagem, condição econômica, ambiente social, região e local de moradia ou outra condição que diferencie as pessoas, as famílias ou a comunidade em que vivem" (BRASIL, 1990), ao mesmo tempo em que reafirma o dever do Estado, da família e da sociedade em geral no cuidado das crianças.

É nítido o avanço do arcabouço legislativo que institui direitos para as crianças. Todavia, quando comparamos os textos normativos citados com alguns indicadores sociais, observamos que as crianças negras não gozam de igual proteção social, nem usufruem de forma equitativa desses direitos e oportunidades. E nos perguntamos: o que as distingue das demais crianças? Parafraseando a escravizada Sojourner Truth[26]: Crianças negras não são crianças?

Ativistas e intelectuais negros/as, principalmente, do campo da educação, vêm demonstrando que o racismo é um dos

---

26. Ela se tornou uma força transformadora em prol dos direitos da população negra nos Estados Unidos, ao proferir de improviso um discurso em que denunciava as violências sofridas pelas mulheres negras, durante a Conferência Feminista de Ohio em 1851. Na ocasião, mencionou a frase: E eu não sou uma mulher? a qual inspirou o título do livro da escritora afro-americana bell hooks.

elementos estruturais que impede as crianças negras de acessarem plenamente os seus direitos, uma vez que, enquanto "processo histórico e político, cria as condições sociais para que, direta ou indiretamente, grupos racialmente identificados sejam discriminados de forma sistemática" (ALMEIDA, 2019, p. 51). E as implicações do racismo se expressam tanto nas "microinvalidações que ocorrem quando sujeitos deixam de atribuir relevância às experiências, aos pensamentos e aos interesses de um membro específico de uma minoria" (MOREIRA, 2019, p. 53) quanto nos resultados dos censos escolares no Brasil. Como exemplo, temos o Relatório do Unicef, baseado nos dados de 2019, os quais apontam que as reprovações em cada Estado e em cada município incidem mais sobre as populações preta e indígena e, também, sobre os meninos e sobre as pessoas com deficiência. São esses segmentos de estudantes que são reprovados acima das médias nacionais[27].

Este dado é relevante, pois sabemos que a reprovação pode constituir-se em um dos elementos indutores da distorção idade-série e, também, do abandono escolar. Por esse motivo, intelectuais negros/as têm sido enfáticos na afirmação de que tanto a reprovação quanto o abandono escolar podem ser resultantes das opressões e das discriminações raciais sofridas pelas crianças negras no contexto escolar, sob o silêncio de docentes e gestores (GONÇALVES, 1985).

Estudos do campo das relações étnico-raciais, como o Dossiê Temático: "Crianças e Infâncias Negras: desafios e perspectivas antirracistas no Brasil, organizado por pesquisadoras vinculadas à Associação Brasileira de Pesquisadoras/es Negras/os –

---

27. Enfrentamento da cultura do fracasso escolar: reprovação, abandono e distorção idade-série [Disponível em https://trajetoriaescolar.org.br/wp-content/uploads/2021/01/web_unicef-cultura-fracasso-escolar-vf.pdf – Acesso em 03/05/2021].

ABPN, em 2020, anunciam que são incipientes os trabalhos dedicados à compreensão das crianças negras enquanto sujeitos sociais que têm vivências, experiências e saberes culturais que precisam ser reconhecidos e visibilizados no espaço escolar e na sociedade como um todo.

Analisando as produções acadêmicas voltadas para a temática *crianças negras,* apresentadas em reuniões nacionais da Associação Nacional de Pós-Graduação e Pesquisa em Educação (Anped), no período de 2007 a 2019, nos Grupos de Trabalho: GT 07 – Educação de Crianças de 0 a 6 anos; GT 13 – Educação Fundamental e GT 21 – Educação e Relações Étnico-raciais, os pesquisadores Santos e Corrêa (2020) identificaram 17 trabalhos, enfocando os seguintes temas: história da infância negra, políticas públicas, práticas pedagógicas, elaboração de identidades raciais, educação quilombola e as relações étnico-raciais.

Considerando que esses trabalhos foram apresentados ao longo de dez sessões anuais da Anped, especificamente, nos GTs (07 e 13) que têm as crianças (enquanto agrupamento, faixa etária e vivências) como base dos trabalhos científicos, pode-se afirmar que "o quantitativo de trabalhos sobre as crianças negras ainda é pequeno em consideração à quantidade total de trabalhos dos GTs" (CORREA; SANTOS, 2020, p. 87).

O GT 21 – Educação e Relações Étnico-Raciais é o que agrega o maior número de produções acadêmicas que tematiza as crianças/infâncias negras. É importante ressaltar que o GT é constituído majoritariamente por pesquisadores/as negras/os, muitos dos quais oriundos da militância social e que ingressaram nas universidades e programas de pós-graduação ao longo dos anos de 2000, contexto dos debates sobre as políticas afirmativas. E, portanto, fazem de suas pesquisas empíricas um processo de "escrevivência" (EVARISTO, 2020, p. 54), uma vez que expõem as experiências e o desafio de ser negro/a que, na sociedade brasileira, se apresentam desde o nascimento.

Tabela 1 – Quantitativo de produções sobre crianças negras nas reuniões nacionais da Anped

Reunião nacional	Ano	Universo de produções por Grupo de Trabalho			Produções sobre crianças negras		
		GT 07	GT 13	GT 21	GT 07	GT 13	GT 21
30ª reunião	2007	22	22	6	0	0	0
31ª reunião	2008	19	15	11	0	0	1
32ª reunião	2009	16	18	9	0	0	0
33ª reunião	2010	17	18	13	0	1	1
34ª reunião	2011	15	16	30	0	0	1
35ª reunião	2012	18	19	22	0	0	2
36ª reunião	2013	12	17	18	0	0	1
37ª reunião	2015	29	22	29	3	0	3
38ª reunião	2017	24	19	28	1	0	2
39ª reunião	2019	31	24	30	1	0	0
Totais	**203**	**190**	**196**	**5**	**1**	**11**	

Fonte: Elaborado pelos autores (2019).

Os dados constantes da tabela reforçam a nossa argumentação de pesquisadores/as do campo da educação necessitam ampliar as suas lentes analíticas incluindo a categoria raça em seus estudos, visando compreender as iniquidades educacionais, não como algo consolidado ou imutável, mas como resultados de construção sócio-histórica que podem e devem ser indagadas. É preciso descolonizar o olhar para incluir as infâncias e as crianças negras em todas as suas potencialidades como sujeitos de direito.

Considerando a tabela anterior, cabe-nos ainda buscar compreender por que determinados perfis étnico-raciais são invisibilizados nas proposições de políticas públicas, nas publicações acadêmicas, nos currículos escolares e nas práticas educativas. Por que determinados sujeitos têm as suas vozes e vivências deslegitimadas desde a mais tenra idade? Como destaca o pesquisador Arroyo (2012, p. 28) "nem toda infância é reconhecida na história da infância".

Acreditamos que a reflexão crítica acerca da intercessão entre as infâncias/ crianças negras e o racismo deva ser objeto de estudos de pesquisadores/as de quaisquer perfis étnico-raciais, e não somente dos negros. Essa atividade amplia a capacidade de compreensão de análise sobre os problemas estruturais do país. E o enfrentamento ao racismo, com suas reverberações no campo educacional, precisa ser assumido como um dever ético por todos os/as profissionais da educação.

Com vistas a ampliar as reflexões sobre infâncias e pertencimento étnico-raciais, como também mostrar que outras propostas educativas pautadas em valores civilizatórios afro-brasileiros já vêm sendo desenvolvidas em espaços escolares e não escolares – sobretudo a partir da obrigatoriedade da Lei 10.639/2003, que inclui a história e a cultura africanas e também a afro-brasileira nos currículos – trazemos o presente capítulo, que tem como objetivo apresentar uma prática educativa ocorrida na Comunidade Quilombola dos Arturos, situada no município de Contagem.

Durante a atividade é possível constatar o protagonismo das crianças negras que falam sobre a comunidade e suas heranças ancestrais de forma afirmativa. Elas têm a oportunidade de interagir e de serem ouvidas tanto por seus/suas mais velhos/as quanto por outras crianças presentes no território. Mostrando, assim, que é possível estabelecer outras formas de diálogo não pautadas no adultocentrismo, aspecto tão marcante na cultura ocidental e reproduzido nas escolas.

Os Arturos e suas raízes

A raiz da formação da grande família dos Arturos é a união entre Arthur Camilo Silvério e Carmelinda da Silva, descendentes de africanos escravizados que trabalhavam no começo do século XX nos lugares conhecidos atualmente como Contagem e Esmeraldas-MG. Arthur Camilo herdou de seus pais Camilo Silvério e Felisbina Rita Cândida as terras que constituem hoje a conhecida "Comunidade dos Arturos".

O casal teve dez filhos: Geraldo Arthur Camilo, Conceição Natalícia da Silva (Tetane), Juventina Paula de Lima (Intina), Maria do Rosário da Silva (Induca), José Acácio da Silva (Zé Arthur), Izaíra Maria da Silva (Tita), Antônio Maria da Silva, Mário Braz da Luz, João Batista da Silva e Joaquim Bonifácio da Silva (Bil)[28].

Figura 1 – Arthur Camilo Silvério e Carmelinda Maria da Silva

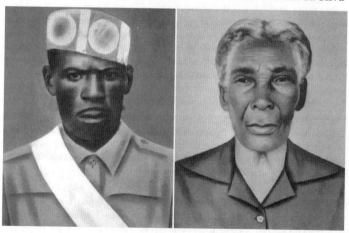

---

28. GOMES; PEREIRA. **Negras raízes mineiras**, p. 164.

A comunidade tornou-se, com o passar dos tempos, um dos mais expressivos espaços de resistência e referência cultural de matriz negro-africana, agrupando no cerne da família e no cotidiano das pessoas algumas tradições culturais, como o Reinado de Nossa Senhora do Rosário com as guardas de Congo[29], Moçambique e o Candombe[30], além do Batuque[31], Folia de Reis[32], Festa da Capina (João do Mato)[33] e a Festa da Abolição

---

29. Congado/Reinado – não há um consenso entre as duas nomenclaturas. Segundo os pesquisadores do Iepha, o Reinado pode ser entendido "como a junção entre um conjunto de crenças e valores africanos, especialmente de origem banto, integrados à fé e à liturgia católica. E é essa cosmovisão de vida que rege a prática comunitária dos Arturos" [Disponível em http://www.iepha.mg.gov.br/images/com_arismartbook/download/9/Comunidade%20dos%20Arturos.pdf].

30. O Candombe tem significados distintos, pode ser entendido tanto como os tambores sagrados quanto a cerimônia que se realiza em torno deles. Em Minas Gerais, o Candombe ocorre em alguns lugares e tem a característica de ser mais reservado, sendo restrito a um grupo familiar ou Comunidade. Para os Arturos, o Candombe é a cerimônia mais solene, importante e profunda de todo o Reinado. Segundo as crenças do Congado, foram seus instrumentos que retiraram Nossa Senhora das águas, dando início ao seu reinado na terra, ou o segundo reinado, – o primeiro reinado de Nossa Senhora é no céu, junto a Deus e seus anjos. O Candombe também é o momento de se lembrar do passado de sofrimento e dor, vivido por seus ancestrais escravos, que se fazem presentes naquele momento. LUCAS, G. **Os sons do Rosário – O congado mineiro dos Arturos e do Jatobá**. Belo Horizonte: UFMG, 2002.

31. É uma dança de matriz africana, coreografada coletivamente em forma de roda, tendo se disseminado na América portuguesa por meio dos africanos escravizados. Praticada até hoje em algumas regiões do Brasil, foi uma das expressões culturais responsáveis pelo surgimento, entre outros, da dança de roda, quando o sagrado e o profano se fundem em uma mistura de ritmos, em que as "batidas" no tambor determinaram o canto e a gestualidade. A dança se organiza com o alinhamento de homens junto aos seus instrumentos musicais, em frente a uma fileira de mulheres, formando um corredor no meio, onde a dança acontece. Predominam nessa dança, os instrumentos de percussão, atabaques, guaiás, pandeiros e, por vezes, uma viola.

32. Festejos de origem europeia, comemorados como forma de rememorar a história bíblica da viagem dos três Reis Magos, que saíram à procura do Menino Jesus para presentear-lhe. A Folia de Reis nos Arturos conta com os Reis Magos: Belchior ou Melchior, Gaspar e Baltazar, que são representados pelos palhaços chamados: Veio, Friage e Bastião.

33. Esta festa está relacionada aos laços de solidariedade rural. A tradição de auxílio nas atividades de roçado, de capina, de limpeza de córregos, entre outras, eram características comuns do chamado Brasil rural e que gradativamente vem se modificando ao longo dos anos. A Festa do João do Mato se insere nesse contexto sociocultural, e por ser dinâmica, passa por mudanças [Disponível em http://www.iepha.mg.gov.br/images/com_arismartbook/download/9/Comunidade%20dos%20Arturos.pdf].

da Escravatura, atraindo a atenção e presença de ativistas dos movimentos negros e pesquisadores/as de diversas partes do Brasil para o seu território.

Reconhecida e certificada como Comunidade Remanescente de Quilombo pela Fundação Cultural Palmares, vinculada ao Ministério da Cultura, a Comunidade dos Arturos integra o Registro de Patrimônio Cultural Imaterial de Contagem, sendo reconhecida também como patrimônio cultural imaterial de Minas Gerais pelo Conselho Estadual de Patrimônio (Conep). Primeiro título concedido a uma comunidade do Estado de Minas Gerais, e está inscrita no Livro de Registro dos lugares. O registro concedido no ano de 2014, veio em resposta à solicitação feita pela comunidade em 2011 e tem como objetivo reconhecer, valorizar, apoiar e divulgar a permanência dos modos de vida da Comunidade dos Arturos.

Os Arturos fazem questão de manter e transmitir para as gerações que se seguem os valores, sabedorias e fundamentos afro-religiosos que sedimentam o modo de *ser* desse povo. Conforme Geraldo Arthur Camilo, primogênito de Arthur Camilo Silvério e Carmelinda Maria da Silva, pode-se sentir a importância e necessidade de perpetuar a imagem de Seu Arthur aos descendentes *arturos*, e o dever de transmitir os saberes que solidificam a gênese da família e estruturam aprendizados que transcorrem nas relações cotidianas.

Com a promulgação da Lei Federal n. 10.639/2003, muitas educadoras e educadores da educação básica têm levado grupos de estudantes à comunidade para aprenderem com os Arturos outras narrativas sobre o *ser negro* e suas culturas. E a experiência educativa que ora apresentamos foi vivenciada, inclusive, por Maria Goreth Herédia, Rainha Perpétua do Reinado de Nossa Senhora do Rosário e uma das autoras desse texto. Ela é a rememoração de um encontro ocorrido na comunidade e que nos mostra crianças negras protagonistas de um discurso afirmativo.

Hoje é dia de festa maior/êh, viva, êh, viva!

Raissa e Ruan são crianças que foram passar alguns dias na casa da avó paterna. Logo observaram que algumas mulheres negras passavam perto do portão e lhes dirigiam um "bom dia" em forma de sorriso. E perguntaram:

– Vó, quem são elas?

– Não as conheço. Sei que moram numa comunidade aqui perto.

– Comunidade?! O que é isso? Perguntou Raíssa. – Eu quero conhecer esse lugar.

Dona Maria já tinha ouvido falar da Comunidade Quilombola dos Arturos e assistido algumas reportagens sobre ela na televisão; entretanto, apesar de morar há uma década na redondeza, nunca tinha se interessado em conhecer a Comunidade. Então, achou oportuno atender ao pedido dos netos. Combinaram uma data e foram até lá.

Já na chegada, encontraram a porteira principal ornamentada indicando um tempo de festividades. As crianças ficaram maravilhadas e muito curiosas (Figura 2).

Figura 2 – Porteira da Comunidade
Encerramento dos Festejos do Reinado dos Arturos, em 6 de agosto de 2013

Foto: Ridalvo Félix

Chegando perto da igrejinha, os visitantes foram acolhidos por uma das moradoras que conheciam de vista e que os direcionou à casa-mãe, onde um grupo de estudantes conversava com o patriarca da família. As crianças se aproximaram e foram logo se enturmando.

No centro da grande roda, Sr. Mário[34], um senhor de voz acolhedora, conversava e brincava com as crianças.

---

34. Sr. Mário Braz da Luz e sua esposa Maria Auxiliadora da Luz (D. Dodora) faleceram em maio de 2021, vítimas da covid-19 e do desgoverno.

Figura 3 – Mário Braz, reinadeiro e benzedor da Comunidade dos Arturo

Fonte: https://www.uai.com.br/app/noticia/saude/2014/04/13/noticias-saude,192602/benzedeiros-carregam-em-si-a-fe-e-as-boas-energias-que-passam-para-out.shtml

– Quando eu era pequenininho, qui nem ocês[35], papai Artur Camilo e a mamãe Carmelinda sentavam no terreiro pra contá histórias pra nós. "No terreiro da fazenda tem um pé de Jequitibá. No tempo da escravidão... ah, se ele pudesse falar..." "A famía dos Arturo é uma grande arve, como um jequitibá. Lá, bem debaixo, no fundim da terra, tem a raiz maior que sustenta

---

35. A oralidade é um dos valores civilizatórios afro-brasileiros sistematizados pela professora e intelectual Azoilda Trindade [Disponível em http://www.diversidadedu cainfantil.org.br/PDF/Valores%20civilizat%C3%B3rios%20afrobrasileiros%20na%20 educa%C3%A7%C3%A3o%20infantil%20-%20Azoilda%20Trindade.pdf – Acesso em 22/08/2021]. A linguagem oral/coloquial foi preservada em reconhecimento aos conhecimentos que vão muito além da linguagem avaliada como culta pela academia, pois como diz a escritora Conceição Evaristo "A nossa escrevivência não pode ser lida como histórias para "ninar os da casa-grande", e sim para incomodá-los em seus sonos injustos" (EVARISTO, 2020, p. 54).

essa árve, meu avô, Camilo Silvério, que veio num navio negreiro de Angola para o Brasil na condição de escravo. Depois, conheceu minha avó Felisbina Rita Cândida, que é o tronco do outro lado da árve e se une e forma a base que está dentro da terra, juntos formam esse tronco com seus filhos.

Depois veio a união entre papai, Arthur Camilo e mamãe, Carmelinda, que moraram na Mata do Macuco em Santa Quitéria, que hoje é a cidade de Esmeraldas e depois vieram para cá. Tiveram dez filhos de sangue: Geraldo Arthur Camilo, Conceição Natalícia da Silva (Tetane), Juventina Paula de Lima (Intina), Maria do Rosário da Silva (Induca), José Acácio da Silva (Zé Arthur), Izaíra Maria da Silva (Tita), Antônio Maria da Silva, Mário Braz da Luz (que sou eu), João Batista da Silva e Joaquim Bonifácio da Silva (Bil). E um de criação, Raimundo Afonso.

Uma criança, que ouvia atentamente aquela história, levantou o dedo. Sr. Mário sabiamente parou e escutou a criança:

– Tio Mário, e de onde vem esse nome "Arturos"?

Dando continuidade à narrativa que conta a história dessa grande família negra, Sr. Mário disse:

– Então, a Comunidade dos Arturo tem esse nome por causa do meu pai, que comprô essas terra dos fazendeiro, pra quem ele trabaiava de meeiro.

– Seu Mário, o que é meeiro?

– Meeiro é quem trabaia plantano as coisas nas terras dos otro e tem de dividi as colheita com os dono da terra.

E Sr. Mário continua...

– Meu pai era o chefe e então deixô as terras pros fio. Quando tava em véspera de morrê, ele entregô pra mim. Mandô que tomasse conta dos menino e pra mim num deixá caí a Irmandade. E, então, nós viemo, a famia tudo reunido com a gente, e fez a Comunidade dos Arturo. Aqui, na Comunidade, tem o Congado, umas duzentas pessoas mais ou menos. Todos participa da festa.

Quando Sr. Mário falou em festa, Raíssa, Ruan e os outros estudantes ficaram animados, mas ele advertiu:

– Festa é coisa séria! É preciso aprumá o corpo pro trabaio! É preciso botar sentido em cada coisa!

Observando os movimentos no entorno, Raíssa perguntou:

– Sr. Mário, que bandeira é aquela?

– Com sorriso aberto, ele responde:

– É a bandeira de aviso!

– Bandeira de aviso?! O que é isso?

Então Sr. Mário chama Ana, uma das netas e pede a ela para explicar.

– A bandeira de aviso é um sinal. Serve para mostrar que estamos em período que antecede a festa.

Com os olhos arregalados, alguns estudantes perguntaram quase ao mesmo tempo:

– Festa de quê? Quem organiza a festa? Quem faz os convites? Quem paga?

E, a cada momento, uma criança da Comunidade, respondia:

– São as festas anuais que unem céus e terras no levantamento dos mastros, que comunicam o mundo do aqui com os ancestrais no canto do Candombe, que unem os parentes de sangue com os parentes de luta. As pessoas caminham juntas com a gente pelo mesmo motivo: a fé. Assim, se forma uma grande família de irmãos e irmãs caminhando e defendendo o Rosário de Maria.

– E quem organiza a festa? Quem é a figura principal?

– A festa é organizada pela comunidade, em honra a

N. Sra. do Rosário que protegia os escravizados. Hoje, temos nossos Reis e nossas Rainhas que são herdeiros/as de nossos ancestrais, resume Rhane.

Ruan se espantou com aquela informação e fez várias indagações:

– Herdeiros/as? Ancestrais? Como assim?

– Herdeiros/as, porque nós descendemos de Reis e Rainhas africanos que foram traficados/as e escravizados no Brasil, afirmava a anfitriã mirim. Nós não somos descendentes de escravos/as, mas de um povo que foi escravizado para atender aos interesses econômicos dos colonizadores europeus, reforçou Rhane.

Nesse instante, um dos estudantes perguntou:

– Há outro tipo de devoção?

– Sim! – respondeu Ana. Temos várias tradições culturais, como o Reinado de Nossa Senhora do Rosário com as guardas de Congo, Moçambique e o Candombe, além do Batuque, Folia de Reis, Festa da Capina (João do Mato) e a Festa da Abolição da Escravatura.

– E que festa vai acontecer agora – quis saber um estudante.

– Daqui a alguns dias teremos a Festa de Nossa Senhora do Rosário. Serão três dias de louvor e devoção. "Senhora do Rosário; Senhora do Rosário, ela é nossa mãe; Ela é nossa guia". O elo principal, que faz esta comunidade existir e continuar unida, é a fé em Nossa Senhora do Rosário, emenda Rhane.

Quando termina de falar, a adolescente puxa um canto, que é acompanhado pelos/as Arturos presentes:

> Esse Rosário é meu
> Esse Rosário é meu
> Foi Nossa Senhora quem me deu
> Esse Rosário é meu

– E quem comanda as festas? – pergunta Raíssa.

– Cada qual tem a sua função, de acordo com o seu saber – revela Sr. Mário.

– Tem o capitão que comanda a maior parte. "Pra sê capitão ele tem que tirá o canto. O capitão é que dá instrução pra esses menino aí tudo. O capitão, ele é que dá a regra, a saída, ensina o que tá brincano cumé que tira uma Rainha, cumé que tira um Rei, cumé que passa na rua"[36].

– Mas são tantos ensinamentos, como as crianças aprendem – quis saber outra estudante.

– Pra aprendê tem que ser humilde, tem que pisar na sombra dos mestres – responde Sr. Mário.

Nesse momento, D. Dodora, esposa de Sr. Mário e rainha na Comunidade, aproximou-se e convidou os/as estudantes para irem à capela.

Figura 4 – Capelinha de Nossa Senhora, Comunidade dos Arturos

Foto: Reinaldo Freitas

---

36. GOMES; PEREIRA. **Negras raízes mineiras**, p. 168.

Figura 5 – Altar da Capelinha de Nossa Senhora do Rosário, Comunidade dos Arturos

Foto: Ridalvo Félix

Lá, os/as estudantes observaram o altar, os bastões, as coroas e começaram a entender que há muito mais o que aprender sobre a história dos negros e das negras na diáspora, ao que Sr. Mário conclui: – Ser quilombola não é só ser um negro, é ter valor e história para contá.

Ao ouvir a palavra *quilombola*, Raíssa aguçou os ouvidos, pois já a ouvira na sala de aula, quando a professora falava sobre a Lei 10.639/2003. Então, foi Alberto quem explicou:

– Somos quilombolas urbanos; residimos na cidade, mas preservamos as nossas raízes afromineiras, guardamos as nossas tradições, como a Festa do Rosário; moramos coletivamente no mesmo território e os nossos conhecimentos são repassados por gerações.

Raíssa estava radiante com tantas aprendizagens e sua avó guardava tudo em seu coração.

Então D. Dodora falou:

– Os nossos conhecimentos estão nos cantos, nos gestos, movimentos, danças, rituais, nas comidas.

E uma de suas netas acrescentou:

– Os conhecimentos estão também nas artes, nas benzeções, nas técnicas tradicionais de confecção de instrumentos como o tambor e os outros instrumentos musicais. Aqui na comunidade há muitas mestras e mestres de saberes tradicionais que conhecem os segredos das ervas, das folhas e que passam a tradição para nós, que somos das gerações mais novas.

Depois, Sr. Mário convidou os Arturos presentes para mostrarem ao grupo de estudantes visitantes como é ser Arturo.

E as caixas, as gungas, os pés e as vozes altivas tomaram conta do ambiente:

> Moçambique vem de longe
> Ele veio de Angola
> Tá chegando devagar
> Prá louvar Nossa Senhora
>
> Me deixa eu ser tambor
> Eu quero ser tambor
> Na soma de uma raça
> Arturo quilombola eu sou

Tocaram e dançaram, e seus corpos embalados pela sinfonia e pela memória dos antepassados compuseram uma coreografia que agradou e ensinou aos presentes. Mas Raíssa, ainda curiosa, perguntou aos mais velhos como eles se lembravam de tantas músicas, ao que D. Dodora respondeu:

– É pela memória do Festejo que o saber dos ancestrais ressoa! E completa:

– Hoje é dia de festa maior, êh, viva, êh, viva!

Ao ouvir a voz de sua mais velha, Camilo, de 3 anos, perguntou:

– Mas que festa maior é essa, vovô?
– E Sr. Mário afirmou:
– A festa maior é a vida, meu fio, que se nutre pela fé no Rosário de Nossa Senhora. E sai cantando acompanhado de sua esposa: "oh Senhora, oh, Senhora, oh Senhora do Rosário, oh Senhora..."

Figura 6 – Sr. Mário e esposa, D. Dodora

Concluindo... Pela memória do Festejo é que o saber dos ancestrais ressoa!

Nas práticas ritualísticas das expressões da Comunidade dos Arturos, o canto tece a dança e o ritmo dos tambores embala o corpo em aprendizado. O discurso do mais velho, seja ele capitão ou mestre, restitui memórias ancestrais e aprendizados musicais, cujos significados ordenam o momento coerente para a sua transmissão. Nesse sentido, durante as vivências de aprendizagem pelos mais novos, é recorrente no discurso dos mais velhos que uma dada tradição foi repassada pelos antigos, pelos seus antepassados – africanos escravizados. Os mais antigos são sempre aludidos como os responsáveis pelos ensinamentos mantidos até hoje no cerne do grupo. A malha mágico-religiosa que abarca a tradição torna o responsável pelo grupo um portador dos conhecimentos, cuja palavra não é banalizada no contexto da comunidade praticante. Esse portador entre as duas faces da tradição – os aprendizes e os antepassados – seria, ao mesmo tempo, o elo, que, como a continuidade do *ngoma* nas Américas, que conectou de forma cíclica os dois universos: o além-mar (continente africano) e os que estão nos lados de cá.

Assim, cada uma das tradições mantidas na Comunidade desvela a complexidade e a distinção que estão na base das suas existências e precisam ser conhecidas, uma vez que elas são a reelaboração de filosofias de ascendências africanas com práticas de cantos dançados bem específicas. Além de tudo isso, essas culturas orais reinventaram saberes, porém não deixam de evidenciar africanias nos cantos, gestos, movimentos, danças, rituais, culinária, artes, filosofias e modos tecnicamente similares de confecção de instrumentos musicais.

Não deixando de lado os elementos mágico-religiosos que se instauram em todos os atos, gestos, falas e *performances* dos reinadeiros, durante o processo de transmissão para as crianças, os ensinamentos e significados não estão separados da ousadia das crianças em querer aprender fazendo. Em alguns momentos, algumas crianças podem se sentir intimidadas em cantar e dançar, enquanto outras se expressam com mais intensidade tocando os instrumentos. Todavia, o que mais tece os ensinamentos de emoção é a segurança transmitida pelos mais velhos para os aprendizes. Essas cenas são frequentes durantes as práticas ritualísticas. Essa relação é retratada pelo apoio poético-corporal durante as dicas sugeridas pelo capitão para proferir o canto, tocar um instrumento, dançar, saber a hora de ficar calado, de girar. Mostra que é possível construir outra relação de ensino-aprendizagem, pautada no diálogo, mas também na observação, tanto do mais velho quanto dos mais novos/as, rompendo com o aspecto adultocêntrico presente na educação pautada nos modelos eurocêntricos, onde, na maioria das vezes, só o mais experiente domina o discurso.

Durante as vivências de aprendizagem pelos mais novos é recorrente ouvir dos mais velhos que as tradições foram repassadas pelos antigos, pelos seus antepassados – africanos escravizados. A partir dessa assertiva, fica evidente que o movimento e relação de aprendizagem não são retilíneos, mas *continuum* e circulares, e jamais se dão do mesmo jeito ou da mesma forma. Os mais antigos são sempre aludidos como os responsáveis pelos ensinamentos mantidos até hoje no cerne dos grupos, ao que a pesquisadora Leda Martins (1997) observa:

> Os antepassados presentificam-se e são evocados, pela memória, no ato que também a eles se dirige, no *continuum* de uma celebração que remonta a tempos imemoriais. O conhecimento e o saber vêm desses antepassados, ancestrais cuja energia revitaliza o presente. Os mais antigos lembram e rezam em silêncio por essas presenças, numa galeria de mestres, capitães, sacerdotes do rosário [...] (MARTINS, 1997, p. 88).

Nesse sentido, os conhecimentos, cantos, segredos e rituais das tradições, aprendidos pelos mais novos e escolhidos, instituem sobre estes últimos um reconhecimento perante a comunidade. A partir de então, a figura do capitão/capitã e sua voz se sedimentam na prática do ritual. A fala do dirigente passa a ser dotada de energia transformadora possibilitada pelos ritos e rituais que compõem as expressões da Comunidade dos Arturos. Assim, a voz do regente é revitalizada *ancestralmente* pelo culto que o submete a regras que fundamentam e mantêm o sistema mágico-religioso de cada uma das tradições mantidas pela Comunidade. Seguindo essa lógica, as observações de Paul Zumthor também aludem que "a palavra proferida pela voz cria o que ela diz. No entanto, toda palavra não é só palavra. Há a palavra ordinária, banal, superficialmente demonstradora, e a palavra-força" (ZUMTHOR, 1993, p. 75). Essa palavra-força é o que garante a continuidade dos ritos e rituais concedidos aos aprendizes.

O aprendizado nas tradições que compõem a Comunidade dos Arturos – bem como em outras onde a oralidade é a filosofia mantenedora dos princípios, valores, magias e símbolos que regem as formas de transmissão dos conhecimentos – é distinto pela complexidade que envolve o ato de ensinar. Isso é verificado na forma em que teoria, técnica e prática são amalgamadas no instante único e irreversível da *performance*, do ato. O momento da transmissão é, concomitantemente, detido de significados poéticos e musicais que fundamentam os ensinamentos, regras, e poder praticado pelos mais velhos, garantindo, nos mais novos, a dinâmica e existência da continuidade de cada tradição que existe na Comunidade Quilombola dos Arturos.

Se dentro do território quilombola as crianças negras dos Arturos se mostraram desenvoltas, dançando, cantando, falando sobre as suas tradições culturais e enaltecendo o valor que elas têm na constituição de suas identidades negras, no espaço escolar, nem sempre são protagonistas de seus discursos, pois são discriminadas justamente por causa do pertencimento étnico-racial e suas culturas (SANTOS, 2015, p. 28). O que nos leva a afirmar que também elas não gozam plenamente dos direitos "à cultura, à dignidade, ao respeito, à liberdade e à convivência familiar e comunitária" garantidos no ECA, por exemplo. A existência da legislação não as coloca "a salvo de toda forma de negligência, discriminação, exploração, violência, crueldade e opressão" (BRASIL, 1990, art. 227) por causa do racismo que ainda vigora em nosso país e que estrutura todas as relações.

Contudo, as novas gerações de Arturos não têm se deixado abater. "Pisando na sombra dos mestres", como ensinou o Sr. Mário, elas seguem resistindo, construindo outras narrativas, ressignificando suas histórias-memórias, seja por meio da atividade teatral, como o Grupo Teatral Filhos de Zambi, seja por meio das apresentações durante os momentos formativos junto de outras crianças que contam com a presença de outras crianças negras e não negras. Importa-lhes preservar a tradição e lutar pelos seus direitos, amparando-se politicamente nas legislações nacionais como o ECA e a Lei 10.639/2003.

As crianças quilombolas dos Arturos vêm lutando para manter a devoção à Nossa Senhora do Rosário, seguir os ensinamentos de seus/suas mais velhos/as e transformarem os seus dias em Dias de Festa Maior. Eh, Viva!

Referências

ALMEIDA, S.L. **Racismo estrutural**. São Paulo: Sueli Carneiro/Pólen, 2019.

ARROYO, M. Corpos precarizados que interrogam nossa ética profissional. In: ARROYO, M.; SILVA, M.R. (orgs.). **Corpo Infância: exercícios tensos de ser criança – Por outras pedagogias dos corpos**. Petrópolis: Vozes, 2012.

Benzedeiros carregam em si a fé e as boas energias [Disponível em https://www.uai.com.br/app/noticia/saude/2014/04/13/noticias-saude,192602/benzedeiros-carregam-em-si-a-fe-e-as-boas-energias-que-passam-para-out.shtml – Acesso em 31/08/2020].

BRASIL. **Constituição da República Federativa do Brasil**, 1988 [Disponível em http://www.planalto.gov.br/ccivil_03/constituicao/constituicao.htm – Acesso em 22/08/2021].

BRASIL. **Lei 8.069/1990, de 13/07/1990 – Dispõe sobre o Estatuto da Criança e do Adolescente e dá outras providências** [Disponível em http://www.planalto.gov.br/ccivil_03/leis/l8069compilado.htm – Acesso em 03/05/2021].

BRASIL. **Lei 10.639, de 09/01/2003 – Altera a Lei 9.394, de 20/12/1996, que estabelece as diretrizes e bases da educação nacional, para incluir no currículo oficial da rede de ensino a obrigatoriedade da temática "História e cultura afro-brasileira", e dá outras providências.** Brasília, 2003.

Cadernos do patrimônio imaterial Comunidade dos Arturos. Instituto do Patrimônio Histórico e Artístico de Minas Gerais/IEPHA, 2014.

Comunidade dos Arturos. Belo Horizonte: Iepha/MG, 2014.

Comunidade dos ARTUROS é reconhecida como patrimônio imaterial de Minas [Disponível em https://www.hojeemdia.com.br/horizontes/comunidade-dos-arturos-%C3%A9-reconhecida-como-patrim%C3%B4nio-imaterial-de-minas-1.260494 – Acesso em 31/08/2020].

CORRÊA, A.M.R.; SANTOS, R.A. O estado da arte sobre crianças negras em produções da Anped (2007-2019). In: DAMIÃO, F.J.; DIAS, L.R.; REIS, M.C.G. (orgs.). *Dossiê temático* "Crianças e Infâncias Negras: desafios e perspectivas antirracistas no Brasil. **Revista da ABPN**, v. 12, n. 33, p. 85-109, jun.-ago./2020.

EVARISTO, C. Da grafia-desenho de minha mãe, um dos lugares de nascimento de minha escrita. In: DUARTE, C.L.; NUNES, I.R. (orgs.). **Escrevivência: a escrita de nós – Reflexões**

sobre a obra de Conceição Evaristo. Rio de Janeiro: Mina Comunicação e Arte, 2020.

GOMES, N.P.M.; PEREIRA, E.A. **Negras raízes mineiras: os Arturos. 2. Ed.** Juiz de Fora: UFJF, 2000.

GONÇALVES, L.A.O. **O silêncio: um ritual pedagógico a favor da discriminação racial (Um estudo acerca da discriminação racial como fator de seletividade na escola pública de Primeiro Grau –** 1ª a 4ª série). Dissertação de mestrado. FaE/ UFMG, 1985.

LUCAS, G. **Os sons do Rosário – O congado mineiro dos Arturos e do Jatobá.** Belo Horizonte: UFMG, 2002.

MARTINS, L.M. **Afrografias da memória – O reinado do Rosário no Jatobá.** Belo Horizonte: Mazza, 1997.

MOREIRA, A. **Racismo recreativo.** São Paulo: Sueli Carneiro/ Pólen, 2019.

ZUMTHOR, P. **A letra e a voz – A "literatura" medieval.** Trad. de Amálio Pinheiro e Jerusa Pires Ferreira. São Paulo: Companhia das Letras, 1993.

ZUMTHOR, P. **Introdução à poesia oral.** Trad. Jerusa Pires Ferreira, Maria Lúcia, Diniz Pochat e Maria Inês de Almeida. 2. ed. Belo Horizonte: UFMG, 2010.

4
Camaradas fazem geografias negras na infância e na adolescência

Aline Neves Rodrigues Alves

No sertão da minha terra, fazenda é o camarada que ao chão se deu
Fez a obrigação com força, parece até que tudo aquilo ali é seu [...]
Milton Nascimento, 1967 – Álbum Travessia.

Preparando a caminhada

A música "Morro Velho" é conhecida de muitos brasileiros, especialmente na voz de um cantor consagrado na música popular brasileira, Milton Nascimento. É possível que professores e professoras de Geografia já tenham utilizado essa canção em sala de aula, seja para produzir interpretações da realidade, discutindo o sujeito e seu lugar no mundo; seja para explorar as conexões e as escalas geográficas. Ainda se pode utilizá-la para abordar o mundo do trabalho, as formas de representação e pensamento espacial ou a partir de unidades temáticas ligadas à Natureza, ambientes e qualidade de vida (BRASIL, 2018).

Sob esse ponto de vista, não seria estranho se, na escola, a análise produzida trouxesse a intersecção entre as desigualdades socioespaciais e o racismo (estrutural e estruturante das relações sociais), não como algo distante, mas como algo próximo do contexto de vida da comunidade escolar na qual o/a professor/a está atuando. É possível também que o/a professor/a trabalhe essa canção numa perspectiva crítica e humanística da Geografia ao buscar construir com os/as estudantes o exercício da cidadania, com uma prática pedagógica que permita ao educando se saber (se ver e se sentir) membro de uma sociedade, tanto quanto perceber o *Outro* (MORRISON, 2019) enquanto sujeito digno de estima e direitos.

Todavia, temos uma lacuna nesse exercício de alteridade que busca reconhecer a singularidade – o direito à diferença – entre indivíduos e grupos. Isso ocorre na música "Morro Velho" pelo fato do *Outro*, que é "o camarada" que trabalha e "conta história pra moçada", não ter sua narrativa de vida expressa. Salvo pela ambiguidade e contraste da narrativa criada para seu amigo de infância, uma diferença marcadamente colonial (WALSH, 2007). Aliás, na letra, seu amigo é apresentado como "filho do senhor (que) vai embora", afinal é "tempo de estudos na cidade grande". E nessa relação, de fim de partilhas do tempo em que "cresciam dois meninos", surge também a partida do "filho do branco".

"Quando volta já é outro, trouxe até sinhá mocinha para apresentar [...] Já tem nome de doutor, e agora na fazenda é quem vai mandar". Desse modo, indago utilizando a própria canção: "E seu velho camarada"? O *Outro*. A resposta na música é: "já não brinca, mas trabalha". E, é nesse momento, em sala de aula, trabalhando com a canção ou com um *show*, que diferentes emoções são mobilizadas. Em que se pese no indivíduo negro/a, e/ou no coletivo negro, sentimentos como tristeza, compaixão e/ou surpresa diante de uma infância não revelada na letra da música e encerrada pela informação do trabalho.

As emoções, enquanto respostas às experiências sociais do sujeito, oriundas das memórias ativadas – inconscientemente – em decorrência do estímulo externo (como, no caso, a música), geram sentimentos. Esses são o modo como a pessoa se sente (e se organiza de modo consciente) em função da emoção vivida. E é no campo da subjetividade, com a chave do inconformismo, diante da constatação da diferença étnica/racial de base colonial que foi transformada em desigualdades, que acredito ser possível traçar outras pedagogias de (r)existência com o "Outro" (ADAMS; WALSH, 2015).

Nesse sentido, a música "Morro Velho" aqui é lida enquanto convite reflexivo para construir a narrativa da trajetória socioespacial – corpo e espaço – do filho do preto (QUEIROZ, 2017). Logo, não seria demais indagar quem foi a criança, "o camarada". E faço isso por meio da Educação tensionada pelos sujeitos que a constroem, em meio a disputas próprias do direito à educação e produção do conhecimento (ARROYO, 2012). "O camarada" teria vivido uma infância saudável e feliz? Teria frequentado a escola? Se sim, na comunidade em que vivia? Ou foi numa escola próxima à fazenda? Onde geograficamente tal criança morava? Com quem morava? Viveu numa comunidade tradicional? Quilombola, afro-indígena ou de pescadores, qual seria? Por lá (ou longe dali) teria brincado também com crianças de outras cidades? Em quais circunstâncias lhe foi possível brincar? Participa de alguma atividade religiosa?

Já sabemos que brincava com o filho do branco, "correndo pela estrada atrás de passarinho", conforme a letra da música. E esse menino branco que "parte, tem os olhos tristes, deixando o companheiro na estação distante". Contudo, o que o menino, filho do preto, sentia nesse momento? Qual a principal emoção? Como se comportou em seguida? Teria outros amigos e amigas nesse lugar? Dividiu seus sentimentos com seus pares? São perguntas que permitem investigar a existência do *Outro*, afinal "o camarada" está na música.

Assim, o objetivo deste capítulo é apresentar experiências geoespaciais e discursivas de "camaradas", aqui compreendidos/as como crianças e adolescentes negros, a fim de superar a condição de existência do *Outro* respaldado pela narrativa que se faz do "filho do branco". É possível afirmar que narrar e se permitir ouvir as histórias de camaradas não se resume ao ato de dizer/escrever frases; mas de poder existir (RIBEIRO, 2017), de ser parte de um projeto educativo emancipatório (GOMES, 2017) e de tensionar a ciência, em especial, a geográfica que deve, por sua vez, considerar a interculturalidade enquanto busca por descolonização e transformações sociopolíticas (WALSH, 2007).

Desse modo, indago como a criança preta, o camarada, produz suas marcas neste país. Como produz espaços na relação com o filho do branco? A canção diz que "o camarada" corria "pela plantação adentro" e há na sua infância a presença de um "riacho de água tão limpinha, (que) dá pro fundo ver". Do que estava "orgulhoso, camarada"? Quais "histórias" contava "pra moçada"? O que pensava de si, dos seus e dos *Outros*? Qual era seu projeto de vida na infância e na adolescência?

É a partir daqui que peço licença aos mais velhos e aos mais novos do Quilombo Barro Preto – comunidade rural quilombola situada no município de Santa Maria de Itabira/MG – para descrever a Geografia que aprendi dialogando com seis pessoas dessa comunidade. E, em duas fases de suas vidas, enquanto crianças de 9 e 10 anos de idade (durante pesquisa monográfica do curso em Geografia, concluída no ano de 2012) e, posteriormente, enquanto adolescentes entre 13 e 15 anos de idade (em pesquisa de dissertação de mestrado, finalizada no ano de 2015).

Posso antecipar que "os camaradas" de Barro Preto puderam não somente narrar suas histórias no processo de confecção dos mapas mentais de seu território; mas, posteriormente, interpretá-los, permitindo emergir o modo como pensam e territorializam o quilombo com seus corpos na fase infantojuvenil. A proposta é apresentar resultados de uma pesquisa centrada numa perspectiva recente na história da Geografia não apenas brasileira, mas também latina e norte-americana, que tem sido denominada enquanto Geografias Negras e/ou Black Geographies (CIRQUEIRA; GUIMARÃES; SOUZA, 2020). Nessa perspectiva, espera-se destacar o protagonismo da experiência negra, que historicamente tem sido ocultada a favor do predomínio de narrativas cujas experiências hegemônicas são do grupo racial branco (GONZALES, 1984; HOOKS, 1995; KILOMBA, 2010; RIBEIRO, 2017).

Neste texto, a música "Morro Velho" é apenas uma alegoria para nos permitir refletir sobre a distintiva experiência geográfica negra e a luta por reconhecimento, redistribuição e representação oriunda dos movimentos sociais negros no Brasil (GOMES, 2017) e na diáspora africana, inclusive para os movimentos negros de base acadêmica (RATTS, 2011). Essa será a lente utilizada para enxergarmos a vida dos camaradas, filhos do preto. Antes da fala dos sujeitos-camaradas, uma contextualização.

Uma parte da história não contada

Os espaços na infância dos filhos dos pretos, "os camaradas", foram marcados pela arte do brincar. As crianças brincavam na cachoeira, na Grota (parte do tecido territorial de Barro Preto mais afastado do centro da comunidade), na quadra, na casa da avó, na casa das outras crianças. E conheciam tantas crianças quanto tantas casas seus pés pudessem pisar no quilombo. Nessa época, Barro Preto possuía aproximadamente 150 casas, não havia muros nem cercas que impedissem as crianças de caminhar entre as casas. Eram quase todas moradias de parentes, e eram tantos primos e primas na escola, que não imaginavam uma escola diferente dessa realidade. E todas eram crianças, filhos/as dos muitos/as pretos/as que trabalhavam na fazenda mais próxima, com plantio à terça[37] ou noutras atividades no distrito mais próximo.

Em Barro Preto, havia uma senhora, que poderia ser bisavó dos/as camaradas. Ela era filha de uma mulher que fora escravizada. Muitos/as moradores/as do povoado recordam-se de quando ela dizia que tudo que se via naquele morro era plantação "dos antigos". Eram terras em que seus parentes plantavam juntos. Como dizia Dona Orcina, "E aqui tudo afora era canaviá, mandiocá, batatá, itaiobáli [...]" (ALVES, 2012). Não seria estranho se ela dissesse que "que tudo aquilo ali é seu", como na música "Morro Velho", e de toda comunidade.

O camarada e as camaradas de Barro Preto desde pequenos souberam da história da cerca que um dia foi colocada bem perto das casas, fazendo com que toda a parcela de terra, plantação e fonte de água para comunidade passassem a ser da fazenda vizinha. Nesse dia, nenhum homem estava na comunidade, todos estavam trabalhando há semanas numa colheita em Goiás. Quando chegaram, encontraram o gado espalhado

---

37. Modo de trabalho em que o dono do terreno cede a terra e os materiais necessários para que outra pessoa possa plantar. Essa pessoa terá direito a um terço da produção, ou colheita, como forma de pagamento por seu trabalho realizado.

sobre a plantação. As crianças não entenderam, no entanto, que o episódio trazia profunda tristeza aos adultos, pois não se permite na comunidade levar histórias de humilhação social para conhecimento dos pequenos. Mas, era lá que seu possível bisavô brincava com seu amigo, o "filho do branco".

E o "filho do preto" quando "tinha 7 anos apenas, apenas 7 anos. Que 7 anos! Não chegava nem a 5", como declamou a poeta peruana Victoria Santa Cruz. Sua comunidade se mobilizava em reinventar uma escola que rememorasse com orgulho as origens do Povoado Barro Preto. Os/as camaradas estavam na Educação Infantil, em 2004; viveram tudo aquilo com ares de quem vivia numa terra a ser descoberta. Uma descoberta que é comum a muitas crianças que podem explorar o lugar em que vivem. Mas, havia algo de singular, pois a moçada (professores/as, políticos, pesquisadores/as e até jornalistas) estava interessada na história desse lugar. Barro Preto lutava para receber uma certidão do Estado, que a reconheceria enquanto comunidade remanescente de quilombo. Fato conquistado em novembro de 2006 e comemorado com muitos convidados/as externos/as e moradores da região.

Assim, aprender sobre o batuque e a marujada, o que fazer para ajudar nas festas de casamento e de São João, como chegar na cachoeira que ficava ali perto, conhecer as brincadeiras no Córrego Santo Antônio, identificar as principais plantas medicinais dos quintais, localizar a igreja e a quadra, saber o que fazer no morro onde os antigos plantavam no passado ou de onde vinha a água que abastecia a comunidade eram conhecimentos que os/as camaradas adquiririam simplesmente estando ali, morando em Barro Preto. Independentemente da autoatribuição quilombola.

Todavia, as professoras, quase todas moradoras do Povoado, fizeram questão de construir uma escola diferente com a comunidade e não para a comunidade. Elas convidaram os mais velhos (muitos eram também alunos do Programa Brasil Alfabetizado na época), para ações pedagógicas. Então, "o camarada e as camaradas" aprenderam desde pequenos a ler a geografia daquele lugar por meio do currículo pedagógico da escola local. Uma atitude "emancipatória e rebelde" (GOMES, 2019, p. 1.037). E uma identidade passava a ser tecida como se faz com os cestos de Indaiá comunidade-irmã de Barro Preto. O que isso significava? Significava que memórias passavam a ser reativadas, era tempo de redescobertas sobre si e os seus, era o tempo de aprender a falar de si para os Outros, com orgulho. Era tempo de (r)existir.

Os primeiros moradores de Barro Preto, Quitéria juntamente com Tobias Pires, vindos (fugidos ou não) da fazenda mais próxima, passaram a ser reconhecidos como aqueles que plantaram as primeiras sementes naquele lugar[38]. Ergueram suas casas de pau a pique. Em questão de tempo, os modos próprios dali ganhariam o nome de "tradição". A vestimenta branca em alguns momentos especiais, os alimentos produzidos na comunidade e vendidos na cidade, as benzeções, as formas de

---

38. Em Barro Preto, a construção de sua memória histórica escrita deu-se com os trabalhos de entrevistas realizadas pela moradora/professora Maria Cruz, pela ação de antropólogos do Incra e entrada da equipe do Cedefes em campo. Podemos afirmar que a memória histórica e a coletiva são inseparáveis (SILVA, K.; SILVA, M., 2006), embora realizem objetivos distintos. A coletiva busca, na tradição, a continuidade entre o que é passado e o que é presente de modo mutável, redefinido e requalificado continuamente. Já a memória histórica busca imagens unitárias do percurso da humanidade a partir de uma construção lógica do passado. Ambas se apoiam em regras de reconstrução distintas, chegam, inevitavelmente, a conhecimentos distintos do passado (HALBWACHS, 1990). Daí a incerteza se Tobias e Quitéria haviam fugido de fazendas ou conseguido comprar sua alforria e a terra onde viveram. O fato é que eles são irrefutavelmente lembrados como parte da memória de Barro Preto.

nascer nas mãos das parteiras, o samba de umbigada foram ganhando destaque. Muitas informações recuperadas para serem trabalhadas em sala de aula e organizadas num museu construído pela comunidade numa sala, à parte, na escola.

De Tobias, a memória de ter aprendido a ler e escrever, às escondidas, na fazenda onde fora escravizado. E, quando viera para Barro Preto, recorda o fato de ter ensinado a todos e todas que quisessem "agarrar" as primeiras letras. De Quitéria, a memória que se torna coletiva (SILVA; SILVA, 2006), de ter vindo do porto do Rio de Janeiro como escravizada e ter sido avó de uma das mulheres mais velhas da comunidade, Dona Prachedes (em memória). Esta morava numa casa que era uma importante referência espacial, pois era também a única, de pé, na arte do pau a pique[39]. O segredo, no início dos anos de 2000, era buscar os mais velhos (e com urgência), pois eram considerados bibliotecas vivas.

Mas, não há nada na literatura sobre memória que justifique a retirada do protagonismo infantil ou infantojuvenil quando se fala de rememorar histórias coletivas, lembranças dos antigos e o território em que viveram (JESUS, 2014). Então, aos 10 anos "os camaradas" desenharam um mapa de sua comunidade para uma "moçada", pesquisadores/as da Universidade Federal de Minas Gerais (UFMG), que queriam saber histórias de sua comunidade e dos projetos escolares[40].

---

39. Maria Prachedes era uma grande referência na comunidade. Após sua morte, houve grande esforço para que sua residência fosse tombada enquanto patrimônio histórico na comunidade e abrigo para as peças do museu. A morosidade dos trâmites legais junto ao Patrimônio Histórico e Artístico Nacional (Iphan) gerou a deterioração e ruína dessa construção.

40. Na monografia, foi possível recuperar, em análise documental, a partir de entrevistas semiestruturadas com profissionais da escola e moradores da comunidade, a relação de Barro Preto com os projetos pedagógicos de sua escola, iniciados no ano de 2002, intimamente alicerçados com o protagonismo histórico do movimento social negro e quilombola

Apresento a seguir "o camarada" e "as camaradas" que contam histórias para "moçada", contribuindo para que narrativas negras tenham corpo, mente e afetos na tessitura do ser criança-adolescente negra/o e quilombola no Brasil de hoje. Essas histórias também nos ensinam sobre sua geografia em um território negro e seus projetos de vida na fase infantojuvenil.

Camaradas produzem geografias negras

Acredito que as crianças dessas pesquisas não só brincaram despreocupadas, "correndo atrás de passarinhos", como na canção "Morro Velho"; mas, também faziam atividades como lavar louça, alimentar algum animal, "acender fogo" e regar plantas – uma resposta dada por meninas entre 8 e 10 anos de idade quando pude fazer uma *Contação de história* na comunidade no ano de 2010. Na ocasião, escolheram o livro *Betina*, do ano de 2009, de autoria de Nilma Lino Gomes. Foi possível saber pelo relato das crianças que o hábito de trançar os cabelos ocorria entre elas, suas tias e irmãs. No entanto, visto que seus pais e mães trabalhavam fora da comunidade, eram com as avós que passavam o maior tempo, numa relação de afeto tão forte quanto da personagem do livro e sua avó.

Em nosso primeiro contato, quando estavam no quinto ano do Ensino Fundamental, os/as camaradas fizeram também autorretratos e nos contaram mais sobre o grau de parentesco não somente com avós e avôs, mas também com primos, con-

---

brasileiro. Esse movimento, por sua vez, conseguiu, pela **Constituição da República Federativa do Brasil** de 1988, a legitimidade do direito coletivo de comunidades quilombolas a obterem o título das terras historicamente ocupadas, conforme art. 68 do Ato das Disposições Constitucionais Transitórias (ADCT). Embora, a partir do ano de 2003, fossem criadas condições operacionais do direito em questão por meio do decreto 4.887 (BRASIL, 2003), Barro Preto foi reconhecida quilombola somente em 2006. Nessa perspectiva, havia a possibilidade de recuperação de terras que lhe foram tomadas, bem como a chance de se acessar políticas públicas de reparação junto ao Estado brasileiro.

siderados em alguns casos como irmãos de leite. Suas imagens em autorretrato, no caso dos meninos, os aproximavam da cultura *hip hop*, o que era perceptível pelo desenho das roupas e inscrições no papel *Kraft* utilizado; e, no caso das meninas, destaco seus penteados, tranças de diferentes modelos.

Figura 1 – Imagens da oficina de autorretrato

Fonte: Acervo da autora, 2011

Dessa experiência, ocorrida em sala de aula, destaco o interesse das crianças em apresentar a dança-afro, por meio de uma paródia que narrava as qualidades do povoado e uma roda de capoeira. Suas mãos (palmas) e o uso de carteiras recriavam o som de uma batucada improvisada, mas não menos animada. Todos cantavam e sorriam, até mesmo os mais tímidos.

De posse de dois mapas mentais – um elaborado no ano de 2010 e outro confeccionado em 2014 – puderam narrar, por meio de reuniões e entrevistas individuais, suas impressões sobre o passado, o presente e o futuro numa perspectiva pessoal e coletiva. Nas expectativas de futuro, notou-se a construção de ideias que nomeei como projetos *de* e *para* Barro Preto. Essas abstrações vão aparecer na miscelânea de vozes, das quais selecionei e apresento a seguir. Eis um pouco das histórias das crianças-camaradas, aqui com nomes fictícios usados na pesquisa de mestrado, filhas e filho de pretos/as.

Latifah mora com a avó e passa as férias em Belo Horizonte. Ela relata que, quando era pequena, frequentava a igreja, a quadra e a casa de colegas: "Lá na igreja eu ia muito com minha avó. Na quadra, eu ia com meus colegas jogar bola. Na casa deles, a gente ia para ficar conversando". E frisa que agora percebe que "[...] não é igual era antes. As cores das casas, o jeito que elas tão sendo feitas não são iguais como eram antes!" A memória do que era antes remete às casas construídas de pau a pique. No entanto, Latifah teve contato apenas com uma casa desse tipo: a de Dona Prachedes. O que explica que a memória individual é também coletiva. O seu sonho é "[...] ser advogada ou delegada. Tenho outros sonhos a mais, o de conhecer outro país lá fora ou ser fisioterapeuta". E explica que, na nova escola – fora da comunidade – percebe que "[...] de vez em quando é chamada a atenção muitas vezes da gente, aí a gente acha assim porque é negro, está chamando atenção só de mim". E descreve como se sente quando assiste ou sofre discriminação racial: "Fico muito triste. Aborrecida". Embora Latifah reconheça a singularidade da comunidade, enquanto quilombola, ela explica que esse reconhecimento escolar ocorre: "Algumas vezes, [...] não é frequente, mas algumas vezes sim. Em história, por exemplo, fala muito, de vez em quando em inglês, tem vez, não é sempre não". E por fim revela que seu sonho para Barro Preto "é resgatar o museu, pois "O museu foi retirado [da escola], eu achava muito legal, mas ele foi retirado não sei por quê! Ele está desmontado, as coisas antigas tá tudo num canto. E o outro [...] o sonho *de* Barro Preto é terminar de construir o centro comunitário para ter espaço para o médico atender".

Zhara não mora com seus pais, mas com a avó, o avô e um tio numa casa localizada em frente à escola da comunidade. Ela diz que a escola ainda faz parte dos lugares que tem acesso na sua fase infantojuvenil: "Porque sou da pastoral da criança e venho aqui na escola fazer algumas coisas". Quando compara os mapas mentais, afirma que "as casas ficaram de dois andares" e explica a mudança na dinâmica populacional: "Aumentaram as casas porque nasceu mais gente". Já sobre o seu sonho, ela explica que era "ser médica para poder salvar vidas [...]" e que deseja melhorias para Barro Preto:

> Eu acho que dá para melhorar mais. Como é que chama aí? O telecentro lá embaixo [...] acho que precisa muito dele também [...] computadores! Eu acho que assim, algumas pessoas saem daqui para fazer trabalho lá em Santa Maria. Aí eu acho muito complicado. Aí tendo [computadores] na comunidade, fica mais fácil.

Ainda sobre essa relação com a sede do município, relata que na escola onde hoje está matriculada, há brincadeiras hierarquizantes sobre o local de origem dos estudantes: "[...] algumas brincadeirinhas. É tipo assim, [...] Uma fala que é mais evoluída, a outra fala que não é", mas "se a gente levar na brincadeira [...] acho que é tudo normal". E revela que "o sonho *de* Barro Preto é ter mais oportunidades. E o sonho que eles já realizaram é valorizar sua cultura".

Radhiya mora com os pais e gosta de jogar futsal na quadra. Desde criança frequenta a casa da avó, a cachoeira e a escola em Barro Preto. Narrou que brincar ainda faz parte da sua rotina: "Como eu mudei de escola, aí eu só venho aqui [na escola da comunidade] para pegar os meninos. Aí eu fico, é... brincando um pouquinho porque, porque mudou muito. O que nós não tínhamos, agora eles têm. Tipo a casinha de teatro, a casinha de brincar ali. A quadra agora tem trave, a rede de basquete, muita coisa". Ela se recorda dos projetos escolares sobre a comunidade de Barro Preto: "[...] eu gostei muito, eu participei. Eu queria ter participado da aula de flauta, mas não deu. Eu participei foi da dança". Seu sonho é "[...] ser secretária, fazer faculdade ou trabalhar com lugares turísticos ou corretora de imóveis". Ela explica que está "estudando para vê se eu consigo". E que a família apoia seu sonho; eles falam "que eu tenho que estudar muito mesmo. E que faculdade [Pausa] é uma escola mesmo. Igual, se eu tô com preguiça de ir para escola, como é que eu vou fazer faculdade?" [risos]. Sobre a relação de Barro Preto com outras comunidades do entorno e seus visitantes, ela descreve que esse relacionamento se dá no "saber o que eles têm para contar e eles saberem o que nós temos para contar". Em resumo, uma relação de trocas de conhecimentos de si e do *Outro*. "As outras comunidades gostavam muito de conhecer aqui. Algumas pessoas ficam doidas para conhecer aqui, mas não podem". Esse contato sofre interferências, pois "Algumas podem, algumas veem. Outras não podem [...] por causa dos transportes". E explica que Barro Preto precisa de "um lugar para festa também! Só a quadra que outros tinham para fazer festa. E agora, na escola".

Lui mora com o padrasto, mãe e irmão. Quando criança gostava das aulas de capoeira. Fez parte do grupo folclórico Mãe África, quando dançava e cantava as tradições de seu povo em apresentações públicas. Normalmente era visto brincando na cachoeira ou na quadra de jogar futebol cimentada. Mas, não a utiliza mais à noite na fase infantojuvenil. "Você tem uns refletores queimados. Ela não tá igual como ela tava, tá toda perdendo a cor. [...] Depois, com a droga tá frequentando" [...] [frase não completada]. Lui gostaria que a quadra fosse reformada. Segundo ele, o uso de drogas está associado à presença de pessoas de fora da comunidade. O camarada tinha o sonho de "ser jogador de futebol, ganhar dinheiro e ser advogado". Mas, afirma: "Não penso nisso mais não", pois deseja "Só terminar os estudos e arrumar um emprego bom". O futebol parece ser agora apenas distração, uma atividade organizada por uma instituição não governamental na comunidade. A respeito da relação de Barro Preto com as comunidades e bairros do entorno, Lui acredita que seja "[...] mais ou menos", e explica: "Porque várias vezes têm briga". No entanto, ele localiza primeiramente os atritos no âmbito escolar, destacando que são "briga à toa. Por causa de time e outras coisas". E completa: "Nós escolhe a pessoa que nós conversamos, que tem amizade. Aí os outros escolhem também, fazem igual nós". Afirma que tem muitos amigos na escola e que eles estão "aqui [Barro Preto] e lá [na escola]". O jovem acredita ainda que "[...] tem uns maus elementos que ficam botando fogo na fogueira. Falando várias coisas, aí vai... começam a briga". Ele mesmo não briga e diz: "Eu saio fora"! Mas, ouve ofensas em relação à sua forma de se expressar: "o jeito que eu falo [...]". Sobre seu sonho para Barro Preto está em "ter um posto de saúde, asfaltar a estrada lá embaixo, reformar a quadra, colocar grama no campo e fazer uma área de saúde aqui para a comunidade".

A camarada **Dalila** costumava brincar na casa da avó, do avô e na quadra. "Ah, lá era muito legal porque tinha muitas crianças para brincar, foi lá que eu fui fazer amigos [...]. A quadra também foi um lugar muito bom para conhecer os colegas da gente. E aprender a jogar bola". Mas, agora a camarada vê o ateliê da comunidade como um lugar mais interessante: "É onde a gente aprende a fazer crochê, né? Quem gosta de aprender a fazer vai lá. Tem gente que vai para comprar as colchas. Vai para conhecer também". Aqui se refere aos turistas e visitantes que vão conhecer o quilombo. Ela relata também o crescimento do protestantismo: "Há mais tempo só tinha uma [igreja], agora está tendo duas e está construindo mais uma lá em cima [...], evangélica". A camarada mora com sua mãe e irmãos e acredita que ser quilombola é "ser unido, né? Bastante unido. É se unir para conversar sobre a comunidade. Procurar melhorar a comunidade. É tentar mudar alguma coisa na comunidade". Dalila atua na Pastoral da Criança e no Projeto Infância Missionária, ambos da Igreja Católica, localizados no interior da comunidade. Mas, seu sonho é "ser enfermeira, terminar os estudos e fazer faculdade" e completa: "eu tenho que estudar muito para conseguir ser isso, né? Pra vida". Já seu sonho *para* Barro Preto é "[...] fazer uma área de lazer e resgatar mais e mais o grupo". Ela se refere ao Grupo Folclórico Mãe África, do qual participou na infância e ainda "está acontecendo! Mas, tipo assim, não tem muita animação como era antes".

Se uma pessoa for a Barro Preto hoje e caminhar por suas ruas não verá o ateliê, não saberá do museu, não terá noção de onde fica o telecentro. Não verificará quais são os problemas socioambientais, quais os principais conflitos entre adultos, crianças e vizinhanças ou de que ordem são. Não conhecerá quem cuida das crianças para os pais trabalharem, tampouco saberá se a taxa de natalidade aumentou ou diminuiu. Essa geografia levantada pelos/as camaradas é a geografia de sua vivência e que eles/elas gostariam de contar para seus amigos "filhos dos brancos" com quem dividem sala de aula na escola que estudam fora da comunidade. Aqui cederam suas vozes para geo-grafar sua comunidade em diálogo com técnicas de pesquisa, tais como os mapas mentais, entrevistas semiestruturadas (individuais) e oficina Árvore dos Sonhos (coletiva) para levantamento de projetos de vida.

Os/as camaradas apresentaram novos locais, espaços que passaram ser de interesse exclusivo na fase infantojuvenil, como o ateliê que oferece a possibilidade de renda e já existia durante a infância desses sujeitos. Locais ressignificados, pois eram lugares da infância, que foram reconfigurados com a presença deles/as, esse é o caso da escola, antes para estudo, agora para atividades sociorreligiosas como a pastoral da infância missionária. Mas, há lugares abandonados (ou menos frequentados) pelos adolescentes, por exemplo, a cachoeira, em função dos compromissos diários e em virtude dos novos interesses dessa fase de suas vidas. Esses espaços foram inclusive substituídos, como no caso da quadra, que foi trocada pelo campo de futebol, em razão da presença de pessoas de fora da comunidade, que fazem uso de drogas ilícitas no local. Mas, sem, contudo, deixar de ser um local importante, já que evoca o sentimento de pertença e associa-se ao desejo de vê-la reformada e devolvida a seus habitantes, conforme colocado para a pesquisa. Por fim, lugares de continuidade, uma vez que interseccionam a infância e a adolescência de seus moradores, como no caso da casa dos colegas.

Com entusiasmo, as camaradas e o camarada falam das mudanças que provocaram melhorias no deslocamento que fazem da comunidade para a escola fora do quilombo, afinal "de melhor foi eles consertarem a estrada, né? Porque antes a gente tinha que andar a pé", relata Zahra. E Latifah completa:

"Antes tinha o escolar, mas, porém, a estrada era muito ruim e quando chovia a gente tinha que andar certas distâncias até aqui. O ônibus não tinha como subir, então tinha que descer onde que o ônibus parava. E subir a pé até as casas". Ainda relatam sobre o aumento do número de bares e mudanças subjetivas como o aumento do barulho, pois "incomoda demais", como coloca Latifah. Nas considerações de Radhiya, "é isso que provoca a briga". Já para Zahra, "o que atrapalha mesmo são as drogas". O grupo diz que "antes não tinha isso aqui não" e ficam na dúvida se realmente não tinha. Confundem o passado dos seus pais com os seus. Enfim, concluem, "se antes tinha, até então, a gente não tinha visto não".

Podemos afirmar que é comum ao mundo adulto descrever, analisar e dar soluções para questões que são vividas por sujeitos que estão nas fases da infância e infantojuvenil. É insistente o entendimento também de que a criança ou o adolescente podem não dar conta de "manter a cultura" ou não se importam com ela, conforme presenciei relatos oriundos do mundo adulto dentro e fora da comunidade. Contudo, neste capítulo trago os/as camaradas, corpos e mentes, diminuindo o volume das minhas análises para aprender a geografia negra que eles/elas produzem diariamente.

Nesse sentido, acreditamos que essa nova geração, pós-reconhecimento jurídico de sua origem, nunca esteve tão consciente da importância de valorizar um saber próprio de seu povo. Isso porque eles são exemplos da experiência de que o reconhecimento pode modificar a autoestima individual e coletiva. Pude aprender com camaradas que não se pode ter medo do novo e que é possível manter sua cultura sem, no entanto, congelá-la. Observei que eles aceitam mudanças; ao mesmo tempo vivem uma memória coletiva, conscientes dos limites e desafios de seu território, mirando no futuro formas de melhorar suas condições materiais (ALVES, 2015).

Portanto, é preciso destacar que vivenciam o orgulho de sua origem mesmo diante da visão colonialista, que os consideram populações tradicionais, logo "não modernas" (LANDER, 2005, apud CRUZ, 2017). Ideia "evolucionista" que busca aprisioná-los no passado: seus modos de ser, sentir, fazer e viver, negando a contemporaneidade de "camaradas". No entanto, tais questões são respondidas por meio de suas existências; logo, (r)existências. Isso é mais do que reagir a uma racionalidade, sendo uma ação reflexa, uma forma de (r)existir a partir de "um lugar próprio, tanto geográfico como epistêmico" (PORTO-GONÇALVES, 2006, p. 165), conforme observei até aqui.

Para caminharmos juntos/as

No presente trabalho, busquei trazer luz e sombra, o contraste do "filho do branco e do preto" em um primeiro momento, mas com intenção de apresentar sentimentos, práticas e vozes que são de camaradas, conforme a canção "Morro Velho". Considero importante construir algo que se aproxime do que venho acompanhando e buscando compreender: as Geografias Negras[41].

Nesse debate, cuja vertente se orienta por ações antirracistas, temos o exercício de assegurar um estudo sobre grupos

---

41. É possível afirmar que, embora a pesquisa de doutorado esteja em curso, muitos/as dos/as pesquisadores/as com quem busco referência – e encontram-se organizados por um grupo intitulado Geógrafxs Negrxs em Rede – orientam-se pelo compromisso ético e político de dialogar não somente com os pares na academia, mas em reconhecer a produção do conhecimento oriundo dos grupos subalternizados na história das ciências. Incluo-me e espero que resultados de pesquisas desse grupo e de outros similares sejam mais que conteúdo de interesse acadêmico, mas também para a sociedade e o Estado. Especialmente nesse momento político de recrudescimento governamental para pautas de cunho progressistas. No âmbito das relações interpessoais, saúdo o Prof. Diogo Marçal Cirqueira (UFF) pelas discussões teóricas e leitura afetuosa deste capítulo.

negros, que historicamente foram transformados em "objetos" de pesquisa. Nesse movimento, percebo tensionamentos produzidos por pesquisadores/as negros/as junto aos arcabouços conceituais e epistemológicos da ciência geográfica. É possível afirmar ainda que, de modo incipiente, geografias negras têm o compromisso de tornar a ciência cada vez mais viva e capaz de in-corporar outras linguagens no espaço de produção do conhecimento. Não mais local de padrão da branquitude, que apaga e inviabiliza o conhecimento vindo de outros grupos subalternizados pelo colonialismo.

Aqui crianças-adolescentes quilombolas me orientaram acerca da Geografia que elas mesmas produzem a partir de suas vivências. Ao longo dessa construção, recorri a estudos decoloniais latino-americanos que contribuem para negritar (dar nitidez, destaque) a presença, valores e conhecimentos trazidos por esse público infantojuvenil. O pensamento decolonial dinamiza a análise ao perspectivar outras epistemologias; nesse caso, a perspectiva negra, sem inviabilizar a perspectiva hegemônica (quase impossível) ou negar a existência de outras. Posso afirmar ainda que essas crianças-adolescentes contribuíram para que eu (pesquisadora e professora da educação básica) in-corpo-rasse à Geografia escolar novas práticas pedagógicas de leituras de narrativas negras em sala de aula, como oportunizar a ida de estudantes a museus construídos por grupos há muito tempo marginalizados em Belo Horizonte e promover a presença de quilombolas convidados/as na escola que leciono.

No campo acadêmico, em especial na área de Geografia da Infância, é importante superar análises homogeneizantes sobre os primeiros anos da vida humana, investigando trajetórias socioespaciais e suas singularidades no interior do ser crianças negras. Nessa perspectiva, ir além de análises que perspectivem a falta ou o próprio racismo (NUNES; CORRÊA, 2016), com objetivo de não se anular seus conhecimentos e formas de (r)existir numa sociedade desigual e com dinâmicas de hierarquização. É preciso superar essa condição imposta pelo racismo, destacando a raça como elemento crucial nas análises (GOMES, 2019).

Nessa narrativa do "filho do preto", imagino que o/a camarada também "chorou ao ver seu amigo partir" – talvez fosse essa a emoção não dita e que tentei revelar noutra geração de camaradas. Um nó na garganta pode ter lhe ocorrido. Mas, essa emoção se transformou em sentimento, a julgar pelos camaradas de Barro Preto, sentimento de coragem, "pois seja o que vier, venha o que vier"! E com esperança referencio novamente Milton Nascimento: "qualquer dia, amigo, eu volto a te encontrar", "qualquer dia, amigo, a gente vai se encontrar"[42]. Espero que, não de modo a anular diferenças ou conflitos, mas para experiências interculturais – de alteridade – que superem as permanências da colonialidade por meio de transformações sociais, que sabemos ser urgentes.

Acredito ainda que, quando o "filho do branco" voltar, seja momento do "filho do preto" decidir se ficará ou não na terra. Aprendi que camaradas querem conhecer o mundo, a diversidade cultural, os *Outros*. Querem estudar e voltar para Barro Preto. Não querem ser somente o "Outro" à sombra da branquitude ou subservientes. Ao exercitarem a alteridade, a sociedade e suas instituições têm muito a aprender sobre essa forma de emancipação. Mas, se conseguirão realizar seus sonhos não sei. Talvez a moçada (da universidade) queira ir ao trabalho na

---

42. NASCIMENTO, M.; BRANT, F. Letra de **Canção da América** (Unencounter) © Sony/ATV Music Publishing LLC [Disponível em https://www.ouvirmusica.com.br/milton-nascimento/27700/ – Acesso em 07/02/2021].

faculdade ou na comunidade onde vivem os/as camaradas para saber como foi trocar o "já não brinca, mas trabalha". Agradeço às vozes e memórias aqui cedidas pelas crianças/adolescentes quilombolas de Barro Preto e de seus responsáveis.

Referências

ADAMS, T.; WALSH, C. (eds.). **Pedagogías decoloniales: prácticas insurgentes de resistir, (re)existir y (re)vivir.** Tomo I. Quito: Abya-Yala, 2013. Apud **Práxis Educativa**, v. 10, n. 2, p. 585-590, 2015.

ALVES, A.N.R. **Território Quilombola e escola: percepções do lugar a partir do uso de mapas mentais.** Monografia. Belo Horizonte: Instituto de Geografia e Ciências da Universidade Federal de Minas Gerais, 2012.

ALVES, A.N.R. **Juventude quilombola: projetos de vida, sonhos comunitários e luta por reconhecimento.** Dissertação de mestrado. Belo Horizonte: Faculdade de Educação da Universidade Federal de Minas Gerais, 2015.

ARROYO, M.G. **Outros sujeitos, outras pedagogias.** Petrópolis: Vozes, 2012, 336 p.

BRASIL. Decreto n. 4.887/03, de 20/11/2003 – Regulamenta o procedimento para identificação, [...] de que trata o art. 68 do Ato das Disposições Constitucionais Transitórias. **Diário Oficial da União**, Brasília, 21/11/2003.

BRASIL/Ministério da Educação. **Base Nacional Comum Curricular.** Brasília, 2018.

CIRQUEIRA, D.M.; GUIMARÃES, G.; SOUZA, L. Caderno temático geografias negras. **Revista da ABPN**, v. 12, ed. esp., abr./2020.

CRUZ, V.C. Geografia e pensamento decolonial: notas sobre um diálogo necessário para a renovação do pensamento crítico. **Geografia e giro decolonial: experiências, ideias e horizontes de renovação do pensamento crítico.** Vol. 1. Rio de Janeiro: Letra Capital, 2017, p. 15-36.

GOMES, N.L. **O movimento negro educador – Saberes construídos na luta por emancipação.** Petrópolis: Vozes, 2017.

GOMES, N.L. Raça e Educação Infantil: à procura de Justiça. **Revista e-Curriculum** [*on-line*], p. 1.015-1.044, 2019.

GONZALES, L. Racismo e sexismo na cultura brasileira. **Revista Ciências Sociais Hoje**, São Paulo, p. 233-244, 1984.

Gritaram-me negra (poema musicado de Victoria Santa cruz. P&B, 3:20h, 2013 [Disponível em https://www.youtube.com/watch?v=RljSb7AyPc0 – Acesso em 10/11/2020].

HALBWACHS, M. **A memória coletiva.** São Paulo: Vértice, 186 p., 1990.

HOOKS, B. Intelectuais negras. **Revista de Estudos Feministas**, Florianópolis, v. 3, n. 2, 1995.

JESUS, R.E. Juventude, memória e saberes intergeracionais no Vale do Jequitinhonha/MG. In: NOGUEIRA, M.D.P. **Vale do Jequitinhonha: juventudes, participação política e cidadania.** Belo Horizonte: UFMG/Proex, 2014.

KILOMBA, G. Who Can Speak? **Plantation Memories: Episodes of Everyday Racism.** Münster: Unrast, 2010.

MORRISON, T. **A origem dos outros – Seis ensaios sobre racismo e literatura.** Trad. de Fernanda Abreu. Prefácio Ta-Nehisi Coates. São Paulo: Companhia das letras, 2019.

NUNES, M.D.F.; CORRÊA LAJARA, J.L. As crianças negras vistas pela sociologia da infância no Brasil: uma revisão de literatura. **Saber & Educar**, 21, 2016.

PORTO-GONÇALVES, C.W. A reinvenção dos territórios: a experiência latino-americana e caribenha. In: CECEÑA, A.E.; CLACSO. **Los desafíos de las emancipaciones en un contexto militarizado**. Buenos Aires, 2006, p. 151-197.

QUEIROZ, A.M.M. **Geo-grafias insurgentes: corpo e espaço nos romances Ponciá Vicêncio e Becos da memória de Conceição Evaristo**. Tese de doutorado. Goiânia: Universidade Federal de Goiás, 203 f., 2017.

RATTS, A.J.P. Corpos negros educados: notas sobre o movimento negro de base acadêmica. In: **NGUZU – Revista do Núcleo de Estudos Afro-Asiáticos**, ano 1, v. 1, p. 28-39, 2011.

RIBEIRO, D. **O que é lugar de fala?** Belo Horizonte: Letramento, 2017.

SILVA, K.V.; SILVA, M.H. **Dicionário de conceitos históricos**. São Paulo: Contexto, 2006.

WALSH, C. Interculturalidad y colonialidad del poder. Un pensamiento y posicionamiento "otro" desde la diferencia colonial. In: CASTRO-GÓMEZ, S.; GROSFOGUEL, R. (orgs.). **El giro decolonial: reflexiones para una diversidad epistémica mas allá del capitalismo global**. Bogotá: Siglo del Hombre, 2007, p. 47-63.

Anexo

Morro velho

Milton Nascimento

No sertão da minha terra
Fazenda é o camarada que ao chão se deu
Fez a obrigação com força
Parece até que tudo aquilo ali é seu

Só poder sentar no morro
E ver tudo verdinho, lindo a crescer
Orgulhoso camarada
De viola em vez de enxada

Filho de branco e do preto
Correndo pela estrada atrás de passarinho
Pela plantação adentro
Crescendo os dois meninos, sempre pequeninos

Peixe bom dá no riacho
De água tão limpinha, dá pro fundo ver
Orgulhoso camarada
Conta histórias pra moçada

Filho do senhor vai embora
Tempo de estudos na cidade grande
Parte, tem os olhos tristes
Deixando o companheiro na estação distante

Não esqueça, amigo, eu vou voltar
Some longe o trenzinho ao Deus-dará
Quando volta já é outro
Trouxe até sinhá mocinha para apresentar

Linda como a luz da lua
Que em lugar nenhum rebrilha como lá
Já tem nome de doutor
E agora na fazenda é quem vai mandar
E seu velho camarada
Já não brinca mais, trabalha

NASCIMENTO, M. Letra de *Morro Velho*
© Warner/Chappell. Edições Musicais
[Disponível em https://www.letras.com.br/
milton-nascimento/morro-velho – Acesso em
07/02/2021].

Parte II
Infâncias negras e famílias: vozes e imagens em movimento

5
Lutas antirracistas: a voz de meninas negras na Educação Infantil

Ademilson de Sousa Soares
Lisa Minelli Feital
Regina Lúcia Couto de Melo

Pedimos licença para alguns sujeitos.
Primeiramente, para as crianças e seus
diálogos,
que nos ensinam a ser livres e observadoras.
Em segundo lugar para Thiago de Mello*,
que nos inspira a publicar estes diálogos,
como uma expressão de amor.
*Canção para os fonemas da alegria. *Faz escuro*
mas eu canto – Porque a manhã vai chegar.
Poesias. Rio de Janeiro: Civilização Brasileira,
1965.

Representatividade importa para as meninas negras!

Este capítulo tem a intenção de discutir como o racismo se faz presente de forma nada sútil na Educação Infantil, em várias situações. Para isso, apresentamos observações feitas durante as brincadeiras no parquinho de turmas de crianças de 5 anos em duas instituições do município de Belo Horizonte em dois momentos diferentes.

A primeira observação aconteceu no ano de 2005 e a segunda em 2018. Mesmo sendo períodos bem distantes um do outro, afastados treze anos no tempo, percebeu de certa forma uma postura emancipatória das duas meninas negras observadas e da professora envolvida nas situações, posturas antirracistas, no ambiente da Educação Infantil. Pretendemos argumentar que se professores/as da Educação Infantil tiverem um olhar atento nos momentos em que as crianças estão brincando de maneira livre, poderão escutar e presenciar como o racismo estrutural se manifesta entre as crianças (negras e brancas), no contexto institucional. Sinalizaremos no decorrer do texto o quanto é importante debater e dar continuidade ao trabalho de reflexão com práticas pedagógicas sobre o racismo, entre outras discriminações, nas instituições escolares desde a Educação Infantil. Desta forma, ampliamos a capacidade de observação e análise de todos, desnaturalizando, o que a sociedade impõe às crianças negras e não negras.

No ano de 2005, em uma escola pública de Educação Infantil, a professora cumpria a sua rotina diária de levar as crianças para brincarem no parquinho. Sofia, uma criança negra de 5 anos, que integrava outra turma diferente daquela que se dirigia ao parquinho, observava de longe a turma e a professora. Por vários dias, a professora percebeu que Sofia os observava de longe.

Até que um dia, a professora passou a observá-la e em outro dia se aproximou de Sofia para conversar um pouco. Em uma dessas conversas, Sofia chegou bem perto da professora e de uma maneira receosa e tímida perguntou: "Você é mesmo professora? Professora de verdade?!" A professora estranhou a pergunta e respondeu: "Sim, sim. Sou professora de verdade", mas ficou sem entender por alguns meses o que Sofia queria dizer com aquela pergunta. Após observar a raça/cor das professoras da escola em que atuava, percebeu que ela era a única professora negra naquela escola.

A partir desta constatação, a professora começou compreender a pergunta de Sofia. A cor de sua pele no imaginário de Sofia certamente estava ligada não ao grupo social das professoras, mas ao grupo de profissionais dos serviços gerais da escola que eram as faxineiras e cozinheiras que em geral são negras.

Ação afirmativa da menina negra

No ano de 2018, essa mesma professora trabalhava em uma escola pública de Ensino Fundamental com turma anexa de pré-escola com 23 crianças, entre 4 e 6 anos completos. A professora relata que no momento do parquinho observou um grupo de cinco crianças que escolheram brincar de casinha. Nesse grupo, estavam duas meninas brancas, duas meninas negras, um menino negro. Uma das meninas negras é negra retinta.

No começo da brincadeira, Dandara, a menina negra, comprou a casinha e chamou os colegas para morarem juntos. Todas as meninas e o menino concordaram de imediato com a proposta. Então Dandara passou a organizar a casinha, buscando objetos na caixa de brinquedos. Cibele, uma criança de pele branca, cabelos lisos e cumpridos, chamou as colegas e disse para Dandara: "Você vai ser a empregada da casa". Dandara imediatamente disse aos colegas: "Eu não vou ser a empregada. A casa é minha, e pronto".

As meninas tentaram por alguns minutos convencer Dandara que ela deveria ser a empregada da casa. No entanto, Dandara, de forma assertiva, disse que não seria a empregada. Logo após este embate, Dandara – a menina negra de pele retinta – e Paula – negra menos retinta – procuraram a professora. Dandara disse: "Professora, elas querem que eu seja a empregada!" Dandara disse ainda: "A casa é minha, eu as convidei para morarem comigo e agora querem que eu seja a empregada da minha casa? Não vou!" Logo após essa conversa, Paula disse: "Eu vou ser a rainha". Nesse momento, a professora perguntou para o grupo: "Por que Dandara deve ser a empregada da casa?" O grupo não soube responder. Todas as crianças ficaram olhando para a professora e rindo de uma maneira sem graça.

As duas situações narradas evidenciam que Sofia e Dandara, com o respaldo sutil, mas assertivo da professora, manifestaram uma consciência racial, assumiram um protagonismo e ocuparam um lugar de mediadoras nas interações sociais entre a professora e a criança; e entre as crianças no contexto da Educação Infantil. Também podemos perceber no discurso e no posicionamento das crianças a hierarquização dos tons da pele que, de acordo com Munanga (2019) ainda está presente no debate sobre a chamada *mestiçagem no Brasil* que na verdade buscava uma forma de embranquecer a população. O discurso racista presente no Brasil dos séculos XIX e XX estabelecia superioridade do branco sobre o pardo e do pardo sobre o negro.

Por um lado, a postura de Sofia de certa forma indica isso, quando ela indaga se a professora negra seria professora de verdade, pois o lugar de uma mulher negra na sociedade racista em que vivemos não é em sala de aula. As posturas das colegas de Dandara também são similares ao tentarem definir para a menina negra da pele retinta o lugar de empregada, pois o lugar de mulher negra, no racismo estrutural de nossa sociedade, não é o de proprietária da casa. Assim, é possível perceber na rotina das práticas na Educação Infantil a presença dessa falsa hierarquização dos tons de pele através da qual as crianças reproduzem o que vivenciam no dia a dia na sociedade.

Por outro lado, constatamos, a partir dos estudos de Gomes (2019), que nos tempos atuais as crianças negras se emancipam cada vez mais diante das manifestações racistas que ocorrem no espaço escolar. Nesse sentido, na experiência e na postura de Dandara perante os seus colegas podemos perceber nitidamente que ela rompe com a tentativa de regulação e de sua fixação no lugar da empregada da casa e aponta no sentido da emancipação da mulher negra que pode sim ser a dona do imóvel. Dandara mantém a sua posição de maneira consciente e firme de não aceitar a imposição dos colegas de designar o seu próprio lugar social. Também na experiência de Sofia foi possível perceber um momento de valorização e de orgulho de uma criança negra pelo fato de sua professora negra ser uma professora de verdade.

É preciso destacar também que, nas duas situações, a presença firme e positiva da professora negra observando e fazendo as mediações necessárias e adequadas contribuiu para fortalecer a identidade e o pertencimento racial das crianças negras na Educação Infantil. Sofia viu que mulher negra pode ser professora e Dandara afirmou claramente que na brincadeira e na vida a mulher negra pode sim ser a proprietária da casa. As duas crianças sinalizaram que a escola pode ajudar a combater o racismo, a promover uma educação antirracista e a romper com os mecanismos estruturais de reprodução dos lugares sociais em nossa sociedade.

A pergunta complexa de Sofia para a professora negra, com um tom questionador, e a curta resposta da professora evidenciam curiosidade da parte da criança e firmeza da parte da professora. A atitude da criança é encorajada pelos olhares recíprocos entre ela e a professora, como dois sujeitos ativos que observam e que questionam as determinações da realidade em que vivem para irem além delas.

A recusa peremptória de Dandara de ser a empregada na "brincadeira de casinha" construída por um grupo de crianças, a defesa assertiva de outro lugar para si e a postura firme da professora negra de questionar o grupo de crianças de uma forma assertiva e reflexiva "Por que Dandara deve ser a empregada da casa?" mostram a importância não só de denunciar práticas de racismo na Educação Infantil, mas de anunciar como as próprias crianças têm capacidade de observação, análise e posicionamento calcada na materialidade da vida cotidiana.

Diante dos complexos desafios do racismo sistêmico em que vivemos no espaço escolar, as próprias crianças revelam consciência e reagem diante de situações injustas e descabidas. Por isso, é tão importante valorizar sempre a capacidade de observação e a competência das crianças para desenvolver práticas emancipatórias, mostrando que apesar do enfrentamento do racismo muitas vezes ser doloroso para as crianças negras, esse enfrentamento pode contribuir para gerar uma consciência e uma educação antirracista. Nesse processo vivenciado com as crianças, a atuação da professora é fundamental, sendo ela uma mulher negra ou não.

De acordo com autores que estudam as relações raciais, tais como Cavalleiro (2000), Silvério et al. (2010) e Santiago (2015), as crianças se expressam também segundo sua raça, expondo a racialização presente na sociedade brasileira, como um dos elementos mediadores das relações sociais estabelecidas entre as próprias crianças e destas com as docentes.

Fernandes (2004) e outras pesquisadoras da Sociologia da Infância tais como Prado (1999) e Nascimento (2011), embora não pesquisem diretamente as relações raciais, colaboram para o entendimento da expressão infantil ao enfatizarem e destacarem as culturas infantis e as apropriações próprias e diversificadas feitas pelas crianças dos espaços e dos objetos. Além disso, afirmam que as crianças estabelecem relações e interações com as outras crianças e com os adultos por meio de brincadeiras afirmando e expressando o que sentem, nem sempre em conformidade com as expectativas dos adultos. Conjugando estudos sobre a infância e pesquisas sobre relações raciais poderão compreender como as crianças percebem e se manifestam sobre situações de racismo no contexto de escolas públicas de Educação Infantil.

Conforme mostramos, as situações vivenciadas pela menina negra chamada Sofia[43] no ano de 2005 e por Dandara, outra menina negra, no ano de 2018 na relação com a professora e com um grupo de crianças, respectivamente, mostram como elas interagem e se manifestam para além da expectativa dos adultos. Nas duas situações observadas, Sofia e Dandara posicionam-se de forma evidente e mostram-se livres e encorajadas para se expressarem sobre práticas de racismo presentes na Educação Infantil e na sociedade brasileira que são, muitas vezes, banalizadas e ignoradas no cotidiano escolar.

Estas crianças exercitam a linguagem para expressarem suas resistências e curiosidades que nem sempre as professoras conseguem entender de imediato. As indagações e questionamentos formulados por Sofia e Dandara revelam o quanto o racismo é estrutural na sociedade brasileira.

Conforme Almeida (2019), o racismo no Brasil decorre de nossa própria estrutura social que é fundamentalmente ex-

---

43. Todos os nomes utilizados nas narrativas são fictícios com a intenção de preservar a identidade das crianças.

cludente e desigual não sendo as práticas racistas expressão de desarranjo institucional nem de uma patologia social. No Brasil, o racismo é a regra, e não a exceção; ou seja, processos institucionais e atitudes individuais não podem ser analisados isoladamente, pois estão fundadas no racismo estrutural da sociedade brasileira. No entanto, Almeida (2019), ao afirmar que o racismo é sistêmico, estrutural e estruturante não significa dizer que nada podemos fazer e que ações antirracistas sejam inúteis.

> O uso do termo "estrutura" não significa dizer que o racismo seja uma condição incontornável e que ações e políticas institucionais antirracistas sejam inúteis; ou, ainda, que indivíduos que cometam atos discriminatórios não devam ser pessoalmente responsabilizados (ALMEIDA, 2019, p. 50-51).

Além de tentar reduzir as práticas racistas a posturas de indivíduos isolados, outra peculiaridade do racismo brasileiro, também presente nas escolas de Educação Infantil, é a afirmação de que os conflitos raciais foram superados pela harmonia existente entre negros e brancos. Essa harmonia e cordialidade poderiam ser constatadas pela miscigenação e pela ausência de leis segregadoras no Brasil (ALMEIDA, 2019). Nessa perspectiva, o encontro harmonioso entre as raças no Brasil sinalizaria e indicaria a existência de uma democracia racial no Brasil. No entanto, conforme mostra o Movimento Negro e acadêmico do campo das relações raciais, esse "mito da democracia racial" tem a função de camuflar o racismo estrutural historicamente construído entre nós e que é vivenciado pelas crianças desde a mais tenra idade.

Apesar dessa falsa democracia racial no Brasil e da tentativa de silenciamento em relação ao racismo, as crianças desde muito cedo sentem e percebem (FAZZI, 2004) as diferenças raciais e, ao percebê-las, "observam o fenótipo que é mais valorizado e aquele que não é bem aceito" (BENTO, 2012, p. 101). É a partir do contexto desse debate que apontamos a importância de discutir as situações vivenciadas por Sofia e Dandara e pela professora negra no sentido de contribuir para combater o racismo na Educação Infantil e ampliar a luta antirracista na sociedade como um todo e na educação. O diálogo entre uma menina negra e sua professora também negra, como também a interação entre crianças de diferentes raças têm muito a nos ensinar. No cenário da sociedade brasileira em que as crianças negras estão "acostumadas" com a presença dos corpos negros em lugares de limpeza e na cozinha, quando no cotidiano da Educação Infantil, e em outras situações da vida social, essas crianças se deparam com o deslocamento deste corpo para outros espaços como o de ensinar, elas se sentem acolhidas e percebem o valor e a importância de referência e pertencimento em relação à cor da pele negra e de sua origem. Para isso, o acompanhamento das pesquisas sobre crianças negras desenvolvidas no Brasil é imprescindível, conforme veremos a seguir.

As crianças negras nas pesquisas acadêmicas sobre práticas escolares

As pesquisas com crianças negras de 0 a 5 anos que frequentam a Educação Infantil ainda são relativamente incipientes. Os estudos existentes se concentram, majoritariamente, em turmas de crianças de 5 anos de idade. No estado da arte sobre a educação das relações étnico-raciais no Brasil, organizado por Silva, Régis e Miranda (2018), quando utilizamos as palavras-chave criança, infância e Educação Infantil isso pode ser observado. No conjunto dos 16 capítulos da obra apresentada, em 670 páginas, percebemos que as pesquisas voltadas para o estudo da educação da criança pequena e relações étnico-raciais apontam que podem ser observadas nas instituições escolares dimensões positivas, dimensões negativas, práticas escolares, propostas curriculares e temas emergentes.

Aspectos positivos revelados nas pesquisas do estado da arte

Como dimensões positivas observadas no cotidiano da Educação Infantil, as pesquisas abordam a afirmação da identidade e da autoestima das crianças negras; indicam trabalhos com a História da África e com as crianças pequenas a partir da diversidade, da pluralidade cultural e da importância do respeito às diferenças; destacam a valorização da herança africana e das crianças negras; a construção de uma convivência positiva entre as crianças negras e não negras através de abordagens lúdicas que combatem teorias de déficit cultural e linguístico, reforçando o pertencimento étnico-racial das crianças negras. Por essas descrições, observa-se que as referidas pesquisas adotam conteúdos da Lei 10.639/2003 e da Lei 11.645/2008, que incluem o Ensino Fundamental e Médio.

Percebemos que nessas pesquisas privilegiam as crianças quilombolas, valorizando a cultura infantil quilombola, o diálogo intergeracional e a escuta das crianças. O protagonismo infantil é apontado como aspecto positivo nas pesquisas. É importante considerar que as pesquisas neste contexto, geralmente, utilizam a metodologia etnográfica, focam as relações entre as crianças e quase sempre não consideram a escola que as crianças frequentam (SANTANA, 2015).

Além disso, essas pesquisas não abordam as Diretrizes Curriculares Nacionais da Educação Infantil (DCNEI, 2009) que compreendem as crianças como sujeitos históricos, sociais e culturais. Nesse documento oficial, as práticas pedagógicas propostas enfatizam a dimensão da diversidade e orienta as escolas no sentido de prover as condições e de organizar materiais, espaços e tempos para o desenvolvimento de trabalhos que envolvam as histórias dos povos e da cultura africana. Por causa da especificidade da Educação Infantil como a primeira etapa da educação básica, foi necessário estabelecer diretrizes e normativas para práticas pedagógicas que considerem o contexto das crianças de 0 a 5 anos de idade.

Nas pesquisas que partem das práticas pedagógicas antirracistas, o(a) professor(a) promove o ensino sobre a cultura afro-brasileira para a turma, com a criança tocando tambor, lendo e escutando literatura africana, aprendendo sobre as lutas coletivas das comunidades negras, frequentando bibliotecas com livros sobre a história da cultura africana. Assim, ela passa a valorizar a cultura de seu povo e aprende a lutar mais e melhor por seus direitos, questionando todas as formas de racismo e de discriminação (SILVA; RÉGIS; MIRANDA, 2018).

Aspectos negativos revelados nas pesquisas do estado da arte

Como dimensões negativas, as pesquisas mostram que ainda há racismo implícito, não assumido e não tematizado na Educação Infantil, persistindo atitudes e práticas racistas de exclusão e de disciplinarização dos corpos das crianças negras. Por isso, há crianças negras que declaram que gostariam de serem brancas. A ideologia do branqueamento das raças ainda se manifesta na Educação Infantil e a simples presença das crianças negras incomoda, a muitos. Há situações recorrentes de racismo, discriminação, estereótipos, preconceitos, conflitos, tensões, rejeições e constrangimentos que causam sofrimento entre as crianças negras. Infelizmente, o fingimento, a omissão e a indiferença são observados entre as professoras que, muitas vezes, preferem o silêncio ao enfrentamento diante de situações de racismo. Atitudes adultocêntricas, colonialistas e eurocêntricas, baseadas na ideologia do branqueamento das raças, também podem ser observadas. Dessa forma, as crianças evitam falar sobre o racismo e minimizam ou negam os conflitos. Poucos estudos acadêmicos sobre a temática e a falta de pesquisas que garantam a escuta das crianças agravam esse quadro (SILVA; RÉGIS; MIRANDA, 2018).

Em relação às práticas escolares e às propostas curriculares, o estado da arte de Silva, Régis e Miranda (2018) revela que as teorias do déficit cultural e linguístico ainda predominam nas propostas de avaliação do rendimento e do desempenho das crianças do Ensino Fundamental. No caso da Educação Infantil a falta do acesso da criança negra é um dos indicadores. Com base em pressupostos equivocados, a dificuldade de aprendizagem fica muitas vezes associada à cor da pele das crianças. Uma análise mais acurada do processo de escolarização e das oportunidades educacionais das crianças negras revela que uma educação e um currículo antirracista têm efeito bastante positivo na trajetória escolar dessas crianças, historicamente alijadas do direito à educação. Além disso, propostas curriculares baseadas na Lei 10.639/2003, alterada pela Lei 11.645/2008, são decisivas para assegurar que a escola pública seja espaço de inclusão e de promoção da igualdade racial.

As pesquisas indicam ainda que as políticas públicas voltadas para a formação inicial e continuada das professoras da Educação Infantil em torno das relações étnico-raciais podem contribuir para a mudança das práticas e das propostas curriculares.

Temáticas emergentes reveladas no estado da arte

No estado da arte analisado surgem ainda temáticas emergentes. A percepção das próprias crianças e das professoras sobre o racismo é uma dessas importantes temáticas. A relação entre representações, discursos e práticas também é um tema emergente quando se discute racismo e antirracismo na Educação Infantil. Além disso, há estudos sobre a história das crianças negras como criança escrava, criança livre, criança do ventre livre, criança órfã, criança ingênua, criança pobre, criança chamada exótica, criança no trabalho, criança quilombola, criança congadeira, criança angolana etc. Para a pesquisa sobre a história dessas crianças são utilizados fotos, retratos, imagens e documentos inéditos. Temas como autodeclaração da cor das famílias, racialização e interação entre crianças negras e não negras são também pesquisados. A confrontação da escuta dos adultos e das crianças é apresentada como estratégia de conhecimento das culturas de pares, das culturas infantis e das brincadeiras entre as crianças negras e não negras, discutindo, por exemplo, a imagem e a presença ou não de personalidades negras em programas de televisão, em filmes e na publicidade (SILVA; RÉGIS; MIRANDA, 2018).

Pela leitura do estado da arte sobre a educação das relações étnico-raciais, fica evidente a necessidade de ampliar e aprofundar estudos sobre o racismo na Educação Infantil dando destaque para as pesquisas com crianças de 0 a 3 anos de idade. Para o objetivo de nosso capítulo, autores como Noguera e Alves (2019), Araújo e Dias (2019) e Motta e Paula (2019) também se posicionam a favor da ampliação das pesquisas com as crianças negras e contribuem para a problematização e a compreensão do posicionamento das meninas negras, Sofia e Dandara.

Noguera e Alves (2019), ao discutirem a luta antirracista, defendem que é preciso retirar a infância negra da invisibilidade nas escolas e nas pesquisas. As crianças têm o direito de viverem plenamente suas infâncias. Para isso, temos que superar a ideia de ausência, de carência, de falta e de incompletude, tradicionalmente associadas à infância, e reconhecer que as crianças são sujeitos históricos e sociais de direitos. Os autores apontam que os estudos sobre a infância negra tendem a denunciar exploração, insucesso, fracasso, sofrimento e privações diversas como sinais evidentes da exclusão social das crianças negras. Seria necessário, entretanto, ir além da denúncia, anunciando e pronunciando práticas sociais relevantes, afirmativas e significativas, pois a resistência das crianças é inspiradora. Exaltar e reconhecer a infância e a negritude podem ser formas de anunciar uma educação a favor da vida, como também formas da esperança de habitar a vida nesse nosso presente marcado pela morte (NOGUERA; ALVES, 2019). Portanto, a importância de potencializar a criança negra no ambiente escolar se faz necessário para elevarmos sua autoestima em relação ao hoje, e não para a criança do futuro.

Quando pesquisamos os repertórios culturais e estéticos africanos e afro-brasileiros presentes nas múltiplas infâncias das crianças brasileiras, quando concebemos e reconhecemos a criança como ser integral que "elabora, refuta e reconstrói hipóteses acerca de si e do mundo a sua volta" (ARAÚJO; DIAS, 2019, p. 4) podemos perceber que há atravessamentos e formas de socialização que marcam a forma com que as crianças vivenciam suas experiências e constroem suas visões de mundo na relação com seus pares, com adultos e familiares.

Ao observar e escutar as crianças, podemos identificar processos formativos que são importantes referências para elas compreenderem e interpretarem as relações sociais e raciais nas quais se envolvem e das quais participam. Não falar sobre o racismo ou abordar o tema de forma ligeira e inconsistente contribui para a reprodução entre as crianças do racismo estrutural e reforça práticas racistas e preconceituosas. Por isso, segundo Araújo e Dias (2019), é tão importante, desde os primeiros anos da trajetória escolar na Educação Infantil, escutar as crianças, observar o movimento de seus corpos e não tratar a questão racial como um tabu. Assim, perceberemos, por exemplo, que é preciso discutir o tema da beleza, pois "a beleza é um tema recorrente" (ARAÚJO; DIAS, 2019, p. 8) para as crianças.

Pesquisando e desenvolvendo práticas pedagógicas com atenção, veremos que as crianças negras têm variadas visões de mundo e vivenciam diversas maneiras de ser e de existir em seus conflitos, aventuras e experiências. Suas infâncias, múltiplas e plurais, possibilitam a superação do histórico complexo de inferioridade imputado a elas e ao povo negro, possibilitam a superação de estereótipos e a construção de práticas antirracistas. Na história de cada criança negra é possível encontrar fragmentos da história de todas as crianças negras. Na história de cada mulher negra é possível encontrar sinais da história de todas as muheres negras. Na história de cada homem negro podemos perceber as marcas da história de todos os homens negros. Por isso mesmo é preciso, de acordo com Motta e Paula (2019), questionar radicalmente a distância perturbadora, insistente e quase intransponível que existe entre a criança branca e a negra, a mulher branca e a negra, o homem branco e o homem negro.

Captando o não dito, o interdito e o invisibilizado nas práticas e nos discursos sociais, poderemos dar início, minimamente que seja, à nossa compreensão do outro por meio de vestígios, sinais, presenças e ausências nas coisas faladas e silenciadas. É preciso fazer falar tanto a reprodução do racismo estrutural persistente entre nós como as posturas inventivas e combativas que reúnem perspectivas de contestação e de superação do *status quo*. O não dito pode tanto denunciar a presença de preconceitos como anunciar formas de resistência (MOTTA; PAULA, 2019). As situações vivenciadas por Sofia, Dandara e sua professora negra, que relatamos neste capítulo, mostram as crianças em diálogo com a professora, participando diretamente da denúncia do racismo estrutural e do anúncio de práticas afirmativas nas escolas de Educação Infantil.

Considerações finais e provisórias

Quando as crianças, como Sofia e Dandara, têm o direito de viver plenamente suas infâncias, elas nos surpreendem e revelam em suas práticas cotidianas, conforme apontam Araújo e Dias (2019), repertórios de experiências sociais, estéticas e culturais típicas das múltiplas infâncias das crianças brasileiras. O importante é reconhecê-las sempre como sujeitos integrais, capazes de elaborar, construir, reconstruir, aceitar e/ou refutar o mundo no qual as deixamos nascer. Sofia e Dandara, conforme buscamos demonstrar, revelaram atravessamentos em seus processos de socialização que marcam e definem suas relações com as outras crianças, com a professora, com os adultos e com seus familiares. Elas assumiram posicionamentos em relação ao racismo enfrentado na escola, no sentido de questionar o racismo institucional presente na sociedade brasileira.

Apresentamos e discutimos aqui experiências das crianças, visando a contribuir para retirar a infância negra da invisibilidade a que muitas vezes ela fica relegada nas escolas e nas pesquisas. Vendo e reconhecendo essa infância, poderemos, quem sabe, lutar mais e melhor, hoje e sempre, para que todas as crianças e, principalmente, para que as crianças negras tenham o direito de viverem plenamente suas infâncias. Ao captar o interdito e o não dito no cotidiano dessas crianças, poderemos participar do movimento social que busca fazer cessar o racismo estrutural que é persistente e insistente entre nós. Ao realçar posturas inventivas e combativas, como aquelas assumidas por Sofia, Dandara e por sua professora, estamos, ao mesmo tempo, denunciando o racismo e anunciando formas de resistência que aprendemos com as crianças e com as mulheres negras.

Contar histórias é uma prática educativa muito frequente na Educação Infantil. Com as comunidades africanas aprendemos a partilhar histórias e saberes para mantê-las vivas. Diz um ditado africano/banto que antes de contar uma história é preciso achar o fio dela. Podemos dizer que, quando as crianças são protagonistas, o importante é saber escutá-las e, ao repassar as histórias, ser fiel ao seu lugar de fala, compreendendo seus enigmas e suas múltiplas linguagens. Estas condições são fundamentais para estabelecer um vínculo de confiança que as estimulem a prosseguir.

Nessas histórias que narramos sobre Sofia e Dandara os fios podem ser muitos. Nossa intenção foi afirmar a capacidade de as crianças negras estabelecerem uma linha de comunicação entre os sujeitos da Educação Infantil sobre relações raciais, atores sociais que assumam cumplicidades e tensões. O que importa são as ressonâncias subjetivas que cada narrativa desencadeia nos/as leitores/as, produzindo um efeito em cada um/a. Assim, convidamos você leitor a buscar identificar como estas narrativas reverberaram em você.

Finalizamos este texto propondo dois desafios para a imaginação das professoras da Educação Infantil. Em primeiro lugar, pensando de que forma as narrativas das situações vivenciadas por Sofia e Dandara poderiam inspirar propostas de atividades coletivas ou projetos políticos pedagógicos envolvendo uma turma da Educação Infantil no seu coletivo. Em segundo lugar, refletindo sobre histórias semelhantes que todos vocês pudessem compartilhar nos coletivos que frequentam, desejosos de aprender a escutar as vozes das crianças desde a Educação Infantil.

Referências

ALMEIDA, S.L. **Racismo estrutural**. São Paulo: Sueli Carneiro/Polén, 2019, p. 246.

ARAÚJO, D.C.; DIAS, L.R. Vozes de crianças pretas em pesquisas e na literatura: esperançar é o verbo. **Educação & Realidade**, Porto Alegre, v. 44, n. 2, e88368, 2019 [Disponível em http://dx.doi.org/10.1590/2175-623688368].

BENTO, M.A.S. (org.). **Educação Infantil, igualdade racial e a diversidade: aspectos políticos, jurídicos e conceituais**. São Paulo: Ceert, 2012a.

BENTO, M.A.S. (org.). A identidade racial em crianças pequenas. **Educação Infantil, igualdade racial e a diversidade: aspectos políticos, jurídicos, conceituais**. São Paulo: Ceert, 2012b.

BENTO, M.A.S.; SILVA JR., H. (orgs.). **Educação Infantil e práticas promotoras de igualdade racial**. São Paulo: Ceert/ Instituto Avisa lá, 2012.

BRANDÃO, A.P.; EITLER, K.; SILVA, P.P. (coord. edit.). **Maleta Infância – Cadernos de atividades**. 5. ed. Rio de Janeiro: Futura/Fundação Roberto Marinho, 2013.

BRASIL. **Lei 10.639/2003 e Lei 11.645/2008 – Alteram a LDB n. 9.394 (1996), art. 26A e 79B.**

BRASIL/Ministério da Educação/Conselho Nacional de Educação. Resolução CNE/CP n. 3, de 10/03/2004 – Orienta a formulação de projetos empenhados na valorização da história e cultura dos afro-brasileiros e dos africanos, assim como comprometidos com a Educação das Relações Étnico-raciais e para o Ensino de História e Cultura Afro-brasileira e Africana. **Diário Oficial da União**, Brasília, 19/05/2004a.

BRASIL/Ministério da Educação/Conselho Nacional de Educação. Parecer CNE/CP n. 1, de 17/06/2004 – Institui as Diretrizes Curriculares Nacionais para a Educação das Relações Étnico-raciais e para o Ensino de História e Cultura Afro-brasileira e Africana. **Diário Oficial da União**, Brasília, 22/06/2004b.

BRASIL/Ministério da Educação/Secretaria de Educação Continuada, Alfabetização, Diversidade e Inclusão. **Educação antirracista: caminhos abertos pela Lei Federal 10.639/03**. Coleção Educação para Todos. Brasília, 2005, p. 52-53.

BRASIL/Ministério da Educação/Secretaria de Educação Continuada, Alfabetização, Diversidade e Inclusão. **Orientações e ações para a educação das relações étnico-raciais**. Brasília: MEC/Secad, 2006.

BRASIL/Ministério da Educação/Conselho Nacional de Educação. Parecer CNE/CEB, n. 20, de 11/11/2009 – Revisão das Diretrizes Curriculares Nacionais para a Educação Infantil. **Diário Oficial da União**, Brasília, 09/12/2009a.

BRASIL/Ministério da Educação/Conselho Nacional de Educação. Resolução CNE/CEB, n. 5, de 17/12/2009 – Fixa as Diretrizes Curriculares para a Educação Infantil. **Diário Oficial da União**, Brasília, 18/12/2009b.

BRASIL/Ministério da Educação/Secretaria de Educação Básica. **Diretrizes curriculares nacionais para Educação Infantil.** Brasília: MEC/SEB, 2010.

BRASIL/Ministério da Educação. **Base Nacional Comum Curricular – Proposta preliminar.** 2ª versão rev., abr./2016.

CAVALLEIRO, E.S. **Do silêncio do lar ao silêncio escolar: racismo, preconceito e discriminação na Educação Infantil.** São Paulo: Contexto, 2000.

FAZZI, R.C. **O drama racial de crianças brasileiras: socialização entre pares e preconceito.** Belo Horizonte: Autêntica, 2004.

FERNANDES, F. As "Trocinhas" do Bom Retiro – Contribuições ao estudo folclórico e sociológico da cultura e dos grupos infantis. **Pro-posições**, v. 15, n. 1 (43), jan./2004.

FREIRE, P. **Pedagogia do oprimido.** 8. ed. Rio de Janeiro: Paz e Terra, 1980.

GOMES, N.L. Alguns termos e conceitos presentes no debate sobre relações raciais no Brasil: uma breve discussão. In: SANTOS, S.A. (org.). **Educação antirracista, caminhos abertos pela Lei Federal 10.639/03.** Brasília: MEC/BID/Unesco, 2005b, p. 39-62.

GOMES, N.L. **O movimento negro educador – Saberes construídos nas lutas por emancipação.** Petrópolis: Vozes, 2017.

GOUVEIA, M.C. & SARMENTO, M.J. **Estudos da infância.** Petrópolis: Vozes, 2008.

MACHADO, R. **A arte da palavra e da escuta.** São Paulo: Reviravolta, 2015.

MELLO, T. Canção para os fonemas da alegria. **Faz escuro mas eu canto – Porque a manhã vai chegar: poesias**. Rio de Janeiro: Civilização Brasileira, 1965.

MOTTA, F.; PAULA, C. Questões raciais para crianças: resistência e denúncia do não dito. **Educação & Realidade**, Porto Alegre, v. 44, n. 2, e88365, 2019 [Disponível em: http://dx.doi.org/10.1590/2175-623688365].

MÜLLER, F. (org.). **Infância em perspectiva: politicas, pesquisas e instituições**. São Paulo: Cortez, 2010.

MÜLLER, F.; CARVALHO, A.M.A. (orgs.). **Teoria e prática na pesquisa com crianças: diálogos com William Corsaro**. São Paulo: Cortez, 2009.

MUNANGA, K. **Resdiscutindo a mestiçagem no Brasil: identidade nacional *versus* identidade negra**. 5. ed. Belo Horizonte: Autêntica, 2019.

NASCIMENTO, M.L.B.P. Sociologia da infância e Educação Infantil. **Edusf**, v. 27, p. 31-36, 2011.

NOGUERA, R.; ALVES, L.P. Infâncias diante do racismo – Teses para um bom combate. **Educação & Realidade.** Porto Alegre, v. 44, n. 2, e88362, 2019 [Disponível em: http://dx.doi.org/10.1590/2175-623688362].

PRADO, P.D. As crianças pequenininhas produzem cultura? **Pro-Posições**, v. 10, n. 1 (28) mar./1999.

SANTANA, P. **Modos de ser criança na Comunidade Quilombola de Mato do Tição – Jaboticatubas (MG)**. Tese doutorado. FAE/UFMG, 2015.

SANTIAGO, F. Creche e racismo. **Revista Eletrônica de Educação**, São Paulo, v. 9, n. 2, p. 441-460, 2015.

SILVA; P.V.B.; REGIS, K.; MIRANDA, S.A. (orgs.). **Educação das relações étnico-raciais: o estado da arte**. Curitiba: Neab--UFPR/ABPN, 2018 [Disponível em https://www.membros.abpn.org.br/download/download?ID_DOWNLOAD=58].

SILVÉRIO, V.; TRINIDAD, C. Há algo de novo a se dizer sobre as relações raciais no Brasil contemporâneo? **Educação e Sociedade**, v. 33, n. 120, p. 891-914, jul.-set./2012.

6
Infâncias de mães e de filhas/os: educação das relações étnico-raciais em famílias inter-raciais

Tânia Aretuza Ambrizi Gebara

Introdução

Este capítulo situa-se no campo da educação entendida como dimensão de formação humana e cultural, tomando como foco a família, destacando os processos de socialização, transmissão e produção da cultura das famílias pesquisadas, notadamente quanto aos aspectos em que se evidenciam relações sociais: modos de organização, participação e engajamento; relações de poder e processos de constituição da identidade dos sujeitos.

O presente capítulo é fruto de uma pesquisa de doutorado concluída, vinculada ao Programa de Pós-Graduação em Educação Conhecimento e Inclusão Social da Faculdade de Educação da Universidade Federal de Minas Gerais. Trata-se de um recorte da pesquisa, cujos sujeitos são três mulheres negras (pretas e pardas) de camadas populares, mães de crianças matriculadas no 1º Ciclo de Formação Humana da Rede Municipal de Ensino de Belo Horizonte/MG.

Busca-se aqui focalizar as memórias de infância de três das mulheres participantes do estudo. Abordamos parte dos dados da pesquisa em que as entrevistadas falaram de si, remontando à sua infância. Assim, recorremos às memórias de infância das mulheres pesquisadas, evocando o passado como substrato da memória. Suportados por Neves (2000), pode-se deduzir que, em sua relação com a história, a memória constitui-se como forma de preservação e retenção do tempo, salvando-o do esquecimento e da perda. Os depoimentos das mulheres pesquisadas fazem parte de suas memórias, as quais podem ser influenciadas pelo interlocutor. A memória como fonte da informação não é estática, podendo ser reinterpretada e até mesmo inventada.

Ao longo do estudo foram recuperadas as lembranças fortes que elas têm sobre a sua própria história de vida e as formas como foram educadas. Nesses momentos, foi possível captar as relações de gênero e raça presentes nos modos como foram socializadas e educadas, relacionando esses processos com as formas como conduzem a educação dos filhos e filhas, processos em que ora confirmam as suas experiências e as utilizam de maneira parecida com os procedimentos de seus familiares, ora as negam e procuram construir outras formas de educar suas crianças.

Optou-se por uma abordagem qualitativa, na qual três recortes ficaram definidos: o trabalho exclusivo com sujeitos do sexo feminino e crianças; foco nas famílias negras; crianças que apresentassem sucesso escolar. Desenvolvemos um estudo com as mulheres a partir de observações, de conversas informais, de entrevistas em profundidade e análise documental. No caso das crianças, igualmente sujeitos do estudo, as observações e conversas informais aconteceram a partir de suas produções culturais: brincadeiras, jogos e desenhos, elementos centrais para a compreensão dos significados que atribuem às suas vivências na escola e na família. O trabalho de campo contemplou o acompanhamento das três famílias em diversos espaços de sua vida cotidiana, tais como os finais de semanas, festas familiares, trabalho, eventos no bairro, na escola, na igreja etc.

A situação das mulheres pesquisadas, por possuírem um perfil específico de vivências de diferentes desigualdades sociais, demandou um esforço teórico-metodológico para a compreensão das suas dinâmicas – consequências de diferentes eixos de subordinação experimentados por elas. A compreensão de tais cenários, combinada às especificidades de focalizar mulheres responsáveis por famílias com filhos e sem cônjuge, a partir de uma perspectiva de análise interseccional[44], envolvendo as categorias analíticas de gênero[45], raça e classe, foi o nosso desafio.

Aproximar-me das mulheres de camadas populares, principais responsáveis por suas famílias, caracterizou-se como experiência de conhecê-las na concretude de sua existência. Concordando com Arroyo (2000, p. 244), as mulheres pesquisadas encontravam-se *"nas suas possibilidades e limites materiais, sociais e culturais de ser gente, de humanizar-se ou desumanizar-se, de desenvolver-se como humanos"*. Neste capítulo, abordaremos as formas de sociabilidade que as mu-

---

44. A abordagem da interseccionalidade tem permitido analisar as desigualdades nessas três dimensões, a saber: gênero, classe e raça; e como interferem para reelaboração de práticas sociais, sejam elas vivenciadas pelos sujeitos na escola, na família ou em outros segmentos da sociedade. Neste estudo dialogo com as produções de Crenshaw (2002) e Hill Collins (2000). Como lembra Hill Collins (2000, p. 18), não se trata de adicionar modelos de opressão, como se pensou no início dos anos de 1980, ainda nas primeiras formulações do Black Feminist Thought, com a ideia de dupla ou tripla discriminação, mas de um trabalho que explora as interconexões entre sistemas de opressão.

45. Neste estudo, gênero, raça e classe são adotados como categorias políticas, articuladas entre si, ou seja, como ferramentas analíticas, que possibilitam uma leitura das múltiplas dimensões constitutivas dos sujeitos.

lheres criam, os significados que lhes atribuem, bem como os projetos que elaboram para si mesmas e para suas crianças. Mas também buscaremos revelá-las nas suas condições de mulheres, na tentativa de apreender as relações que estabelecem entre essa experiência e a vivência nas outras instâncias sociais em que se inserem, como a família, o trabalho e a escola dos filhos.

Estudar as mulheres e como educam suas crianças foi uma maneira indissociável de compreender as próprias crianças que foram sujeitos da pesquisa e sobre as quais questionamos: como aprendem os jeitos de ser e de estar no mundo na relação familiar? Como aprendem o que inclui ou exclui, o que respeita ou desrespeita as diferenças? Como as crianças se veem quando inquiridas sobre o seu pertencimento étnico-racial? Elas lançam algum desafio para suas famílias no tocante às questões de raça e gênero?

Algumas pesquisas, dentre elas Cavalleiro (2000), enfatizam que as crianças negras desde a Educação Infantil estão sendo socializadas para o silêncio e para a submissão. Gonçalves (1985) denuncia que isso tem sérias consequências para o processo educativo, dificultando-lhes a formação de um ideal de ego negro (1985, p. 324). Fazzi (2004), estudando crianças de 8 e 9 anos e os processos de socialização entre pares no espaço escolar, também destaca os estereótipos, preconceitos e processos de silenciamento.

Esses estudos revelam inúmeras situações nas quais as crianças negras, desde pequenas, são alvo de atitudes preconceituosas e racistas por parte tanto dos profissionais da educação quanto dos próprios colegas e seus familiares. A discriminação vivenciada cotidianamente compromete a socialização e interação, tanto das crianças negras quanto das brancas, mas pode produzir impactos particularmente negativos para as negras, pois essas vivem os efeitos diretos do racismo que interfere nos seus processos de constituição de identidade, socialização e aprendizagem.

Vivemos numa sociedade em que o processo de miscigenação é marcante e as crianças participantes da pesquisa foram classificadas por suas mães como pardas e brancas, fruto de uniões inter-raciais. Além da classificação feita pelas mães, as próprias crianças foram ouvidas sobre o seu pertencimento racial. Por isso, os processos de miscigenação também foram investigados no presente estudo.

Este capítulo, organizado em duas seções e considerações indicativas, intenta visibilizar o cenário complexo que permeia as formas como as crianças e suas mães – mulheres pesquisadas – constroem suas identidades e colaboram nos processos educativos dos filhos/as, do ponto de vista étnico-racial. Além disso, coloca em debate a singularidade das infâncias[46] produzidas em famílias inter-raciais.

Sobre as mulheres-mães: percepções sobre as infâncias e a educação das crianças

Neste estudo abordaremos as formas como as mulheres que se classificam pardas articulam a classificação racial solicitada e as suas vivências identitárias; ou seja, sobre como se dá

---

46. Há perspectivas que têm tido como preocupação mostrar que a infância não é uma realidade finita com uma forma única, mas antes uma pluralidade de concepções que coexistem e são produto de uma construção social e histórica. Outras procuram mostrar que mesmo que a infância varie historicamente e os seus membros mudem continuamente, a infância é uma categoria estrutural distinta e permanente das sociedades humanas. Outras ainda procuram enfatizar as crianças como atores sociais competentes; ou seja, com poder de ação e tomada de iniciativa, valorizando a sua capacidade de produção simbólica e a constituição das suas práticas, representações, crenças e valores em sistemas organizados social e culturalmente (FERREIRA, 2002).

a construção das identidades de pessoas que transitam entre as referências negras e brancas e entre as formas com que as mães classificam os/as filhos/as e as formas que os/as próprios/as filhos/as se veem e se constituem. Entendemos que esse campo, ainda pouco explorado nas pesquisas sobre relações raciais e de gênero no país, necessita de olhares e aprofundamentos quanto às discussões relacionadas à mestiçagem, identidade racial e classificação de cor realizada por mães e pelas crianças.

As mulheres pesquisadas encontravam-se na faixa etária entre 30 e 48 anos de idade, mulheres negras (pretas e pardas), das camadas populares e trabalhadoras. Adotamos nomes fictícios às famílias pesquisadas apresentadas aqui, escolhidos pelas participantes, a saber: Alice e sua filha Sofia e seu filho Victor; Marina e a filha Cida; Vânia e a filha Roberta e o filho Rodrigo. Alice, Marina e Vânia se autodeclaram pardas. Sofia tinha 7 anos e declarada parda pela mãe, o menino 11 anos declarado negro; Cida tinha 7 anos e declarada branca, Gabriel 11 anos; e Roberta, 8 anos e declarada preta, o filho Rodrigo, 24 anos e declarado negro. Na segunda fase da pesquisa, Alice se autodeclarou preta e Vânia alterou a declaração da filha para parda. Dados organizados sobre o perfil podem ser vistos abaixo:

Quadro 1 - Perfil das mulheres participantes da pesquisa

Nome, idade, e estado civil	Autodeclaração	Escolaridade	Escolaridade dos pais e classificação racial	Número de relações conjugais e classificação racial do cônjuge	Número de filhos: idade, sexo, idade, cor/raça	Profissão/ocupação	Número de pessoas no domicílio
Alice, 38 anos, divorciada	Parda	Ensino Médio completo	Mãe (branca), Ensino Fundamental completo Pai (preto), Ensino Fundamental completo	3 Negra Parda Parda	4 18 anos, feminino, preta 9 anos, masculino, parda 8 anos, feminino, parda 2 anos, masculino, parda	Desempregada/ motorista/decoradora de festas infantis/ vendedora/empregada doméstica	7
Marina, 30 anos, divorciada	Parda	Ensino Médio completo	Mãe (preta), Ensino Fundamental incompleto (3° ano) Pai (branco queimado de sol: pardo), Ensino Fundamental Incompleto (5° ano)	1 Parda	2 11 anos, masculino, parda 7 anos, feminino, branca	Desempregada/ oficineira/ vendedora/ faxineira/ auxiliar de dever de casa	3
Vânia, 48 anos, solteira	Parda	Ensino fundamental incompleto (4° ano)	Mãe (morena clara) [não soube informar] Pai (moreno claro) [não soube informar]	2 Preta Parda	2 24 anos, masculino, preta 8 anos, feminino	Cozinheira/ empregada doméstica	7

Sobre o perfil das mulheres participantes, é ainda importante considerar que constituem grupo composto por mães de crianças pequenas, o que lhes confere outras responsabilidades em relação aos filhos em idade escolar. Têm em comum situações de opressão que marcaram suas infâncias e juventudes, o trabalho desde a infância, a difícil trajetória de relacionamentos amorosos malsucedidos, a própria condição de mulher, a maternidade e o pertencimento racial. Destaco, como singularidades, que duas destas famílias vivenciam os percalços de pais e mães cujas vidas são marcadas pelo alcoolismo e uma das famílias vive os desafios do cuidado e da educação de uma criança com deficiência motora. As mulheres não falaram somente sobre si, mas sobre si mesmas na relação com a família, com os filhos e, ainda, com seus ex-companheiros, amantes, sempre relações marcadas pelo poder.

O eixo orientador do diálogo realizado foi a realidade observada, a saber: os sujeitos da pesquisa na sua condição de mulher, trabalhadora, mãe, entre outras dimensões. Para essas mulheres, a vida tem sido uma sequência de acontecimentos duros e dolorosos, impedindo que se enxerguem em fases diversas do desenvolvimento humano, senão em uma longa e constante jornada de lutas pela própria sobrevivência. Contudo, são pessoas que conseguem ver o belo e a alegria em pequenos acontecimentos dessa mesma vida sofrida. Souberam fazer desses momentos estímulos para continuarem seus percursos. Carregaram consigo e para a educação de seus filhos todas as dimensões de sua existência.

As mulheres pesquisadas acabaram elaborando amplos conceitos de educação ao descreverem sua realidade. Assim, foram problematizados os aspectos considerados mais relevantes por elas na educação dos/as filhos/as. Para abordar a educação dos filhos, as entrevistadas foram chamadas a falar de suas infâncias. Nos relatos das três mulheres pesquisadas, há uma linha mestra: a infância atrelada ao trabalho infantil. Isso não significa que não rememorassem a infância com brincadeiras, como fase dos jogos, de brinquedo, na interação com os parentes, irmãos etc. Mas o trabalho doméstico, os cuidados com os irmãos e o papel de substitutas das mães aparecem marcados em vários momentos dos relatos.

Um aspecto a destacar como resultado dessa investigação é que as biografias das mulheres das famílias pesquisadas refletem o acirramento das condições das mulheres negras, mestiças e pobres no Brasil, que ainda seguem tendo o trabalho infantil como um de seus mais pesados fardos.

Os relatos remetem-nos a pensar a importância da infância como uma etapa de vida em que ocorre a aprendizagem de cuidados. Assim, as dimensões de classe social, articulada a gênero e raça, mostraram-se radicalmente ligadas à conformação do pensamento do cuidado nessas famílias. Os depoimentos das três participantes mostram que foram educadas e preparadas para o trabalho, por meio do treino e da imitação do modelo adulto, desde a mais tenra idade até o início da fase adulta.

Fruto de uma infância pobre, Vânia afirma que a alternativa era trabalhar desde pequena em casa de famílias como doméstica, sobre o assunto diz:

> A gente tinha que trabalhar, não tinha outra saída. Mas ninguém morreu por isso, não. A gente foi lutando. É muita luta, é muita luta (Diário de campo, 03/06/2014).

Sobre o trabalho doméstico, tais lembranças são constantes nas biografias de Marina e Alice:

> E é difícil, porque eu ajudei a criar os meus irmãos, minha mãe precisava trabalhar. [...] Eu fui um pouco

mãe deles, porque eu tinha que cuidar deles. E você precisa de ver, minha filha; meus irmãos, se deixasse, eles me batiam, eu me impunha mesmo, e se precisasse de coro, eu batia, colocava de castigo, sabe. Minha mãe deixava eles na minha mão e eu tinha que me virá (Alice. Diário de campo, 25/04/2012).

Marina, aos 6 anos de idade, era responsável pelos cuidados com os irmãos, mas recebia castigos físicos recorrentes.

> Geralmente eu ficava lá em casa mesmo, porque eu morria de medo de apanhá. Minha mãe sempre bateu muito mesmo, sabe? Minha mãe era de batê. Eu lembro que tinha uma fase que a minha mãe saía pra vender as coisas, ela trabalhava vendendo as coisas, ela fechava a porta e deixava a gente lá, as maiores cuidando dos pequenininhos, aí deixava a gente lá, a gente fazia arte. Eu sou a mais velha, eu tinha uns 6 anos. Eu já olhava (Marina. Diário de campo, 23/03/2012).

No caso da educação destinada especificamente às meninas, o conjunto dos dados revelaram as formas como foram socializadas para serem mulheres que conseguem cuidar. No caso dos meninos, as mulheres pesquisadas relatam que suas famílias socializavam os filhos do sexo masculino, a fim de transformá-los em homens trabalhadores, provedores, chefes do grupo familiar e detentores de autoridade.

Essas crianças parecem ser a "ponta do *iceberg*", do modelo de delegação que, segundo Hirata e Kergoat (2007), descreve as novas configurações do trabalho das mulheres no Brasil e também na França e no Japão. Segundo as autoras, no país, o crescimento das mulheres nas categorias profissionais e a quase ausência de políticas familiares tornaram a externalização do trabalho doméstico e de cuidados um lugar-comum. Para realizar o seu trabalho profissional fora de casa, as mulheres contratam faxineiras, empregadas, babás e cuidadoras, de modo a substituírem-nas no *"seu"* trabalho em casa. Como um efeito dominó, as cuidadoras assalariadas – que também continuam responsáveis por garantir a manutenção da vida nas suas casas – acabam tendo que delegar as atividades domésticas e de cuidados a parentes consanguíneos, como irmãs, avós e filhas mais velhas (SORJ; FONTES; MACHADO, 2007). Como no caso de Alice e Marina, cujas mães delegavam a responsabilidade a elas.

A mãe de Marina, da infância aos dias de hoje, atuou como empregada doméstica. O depoimento de Marina aborda um intervalo de tempo em que a sua mãe não estava trabalhando como doméstica, mas como vendedora ambulante. A mãe de Alice também atuou como doméstica. Percebe-se o desenrolar de uma "vida dura", cercada de trabalho constante, fora ou dentro de casa, situação que vem há muito tempo desenhando os seus perfis de mulheres pobres e trabalhadoras desde a infância, perfis idênticos aos das suas genitoras.

Para analisar a situação dessas crianças, hoje adultas, recorri a Adorno (1993, p. 192), para o qual "a criança torna-se fonte de subsídio familiar. A família – que na origem pensa-se como fonte de solidariedade, de proteção e de socialização primária das crianças – se subverte para apoiar-se no universo infantil. É como se a família fosse socializada pelas crianças, e não o seu contrário".

Tanto Alice como Marina compartilharam, em certa medida, a responsabilidade da casa com as suas mães. Isso fez com que fosse delegada a elas a necessidade de corrigir e cuidar dos irmãos. Embora tivessem que cuidar das outras crianças, elas também eram crianças. O trabalho infantil que as mulheres pesquisadas desempenharam pode ser interpretado como a ponta do "modelo de delegação", o qual nos faz pensar na divisão sexual do trabalho, colocada nos termos da "obrigação", sentimento que comumente delimita a noção de família entre os pobres (SARTI, 1996).

Alice e Marina cumpriam as obrigações no âmbito privado, no domínio da casa, do doméstico, enquanto seus pais as cumpriam, no âmbito público, no universo do trabalho produtivo. Vânia, por sua vez, desde a infância, atuava no âmbito público, como doméstica. Essa separação das obrigações acompanha a lógica de autoridade entre as famílias pobres. Como observou Sarti (2003), no ambiente familiar a autoridade é comumente compartilhada, sendo que cabe ao homem a autoridade da família e à mulher a autoridade da casa. No caso, essa autoridade era também desempenhada por essas mulheres, quando crianças, na ausência de suas mães.

Quando chamadas a refletir sobre a infância dos filhos, as falas assumem outra conotação. Esses momentos são revelados como se houvesse uma "verdadeira infância" – aquela que desejam que se materialize na trajetória dos seus rebentos. Os comportamentos e discursos das mulheres pesquisadas refletem mudanças. As suas crianças brincam mais, são alegres, sociáveis e, sobretudo, não trabalham. Sendo assim, a infância que os filhos vivenciam existe como fase de dependência, cuidados, brincadeiras variadas.

As mulheres pesquisadas, hoje adultas, diferentemente de seus pais, afirmam conversar mais com os filhos, sabem-se responsáveis pela vida e pelo futuro deles. A educação que receberam foi dura; em alguns momentos, bastante punitiva e até dolorosa; porém, o julgamento que fazem hoje é maduro e, digamos, até positivo, pois verbalizam que avaliam que suas ações têm "dado certo". Na relação com os seus filhos, não reaplicam integralmente o modelo vivido, usam, por vezes, o inverso. Portanto, na prática, a educação recebida é, de certa maneira, renegada ou transformada. Verbalizam ter consciência não só da sua responsabilidade pela educação e, nessa medida, pelo futuro dos filhos, mas estão cientes da grande dificuldade de que se reveste a sua ação.

Dessa forma, a infância idealizada pelas mulheres pesquisadas para os filhos e filhas já relativiza a importância do trabalho e este aparece como forma de preparação para a vida adulta. A escola aparece como o lugar de lazer, de brinquedo, de não trabalho e, ainda, de um futuro melhor, com as chances de arrumarem trabalhos mais leves, distantes de trabalhos manuais ou de serviços gerais, considerados desqualificados.

Os relatos revelam que as mulheres pesquisadas foram socializadas na infância com posicionamentos negativos em relação aos negros e seus descendentes. No caso de Marina, seus depoimentos são ancorados na ideia da inexistência do racismo e da discriminação racial. Embora ela mesma tenha vivido situações no interior da sua própria família, não consegue perceber a vulnerabilidade existente nas relações vivenciadas. Faz os mesmos tipos de afirmações que negam a existência do racismo, ao analisar diferentes espaços de socialização, como o trabalho, a escola, entre outros. Trata-se de uma concepção geral de mundo, de ver as relações raciais na sociedade, adotando alternadamente uma visão mais crítica e uma menos perspicaz da realidade.

Embora Marina tenha vivido situações no interior da sua própria família, não consegue perceber a vulnerabilidade existente nessas relações vivenciadas.

> Olha, eu nunca vi, assim quando criança, eu nunca vi ninguém sendo maltratado por causa de cor. Nunca vi, sabe. Já escutei comentários da minha avó paterna e da

minha tia quando eu estava na adolescência e eu arrumei um namorado que era negro. Durou quase um ano, sabe. Então, tipo assim, teve um certo preconceito (Entrevista, 23/08/2012).

Ainda falando sobre o namorado, deixa expressar uma contradição, ao dizer que nunca presenciou e nem viu situações de racismo. Contudo, já viveu e não percebeu, conforme pode-se ver no seguinte depoimento:

> A única coisa que tem que eu presenciei na infância que, assim, eu não cheguei a presenciar também não, foi a minha mãe que me falou que a minha tia tinha falado que eu estava namorando com um negro, né, e tal. É isso! (Diário de campo, 23/05/2012).

Marina, no entanto, tenta regular a aparência do filho, indicando o que pode e o que não pode ser usado, além de direcionar o modo como o adolescente deve conversar. Com essas ações, procura um modelo de aceitação social para o filho, o que parece reforçar a ideia de que certos comportamentos devem ser evitados, pois estão atrelados aos estereótipos sociais.

Vânia também reforça nos seus relatos que o racismo é uma questão de educação e diz sobre a importância de a família trabalhar o pertencimento racial com as crianças.

> Isso aí tudo nasce de educação, viu. Se você conversar em casa. Se você começar a educar seus filhos. E mesmo começar a falar na sua família, um que é racista, aí logo a ficha cai e a pessoa vai chegar à conclusão. Porque **se você não souber falar, levar a cor pra seus filhos, eles vão crescer naquilo**: – Ah, porque meu coleguinha eu não quero saber dele não porque ele é negro. Você entendeu? Você vê que há pouco tempo aí nós tivemos um caso que passou na sociedade e na televisão, né, daquela mãe na escola, a avó chegou e não queria que o filho, que o neto dançasse com a menina porque ela era preta. Eu acho isso um absurdo,

> porque foi a educação, a família não estava educando o neto ou o filho da forma que deveria ser. Porque, se a avó tivesse ensinando ele, cê vê que ele não viu, mas a avó viu, então... o que que acontece? Ela já não teve educação. Já foi uma formação da família dela pra trás, entendeu. Então, ela já estava passando uma coisa ruim pro neto. Sabe, é isso que eu vejo (Entrevista, 27/08/2012; grifo meu).

Vânia, apresentando vários exemplos, demonstra a sua percepção sobre a existência do racismo na sociedade. Fala sobre as relações no seu trabalho, com a vizinhança e com a própria família. Demonstra que compreende que, a partir de um fenótipo mais escuro, o seu filho mais velho pode ter problemas maiores de aceitação social em comparação com a filha. Vânia apresenta uma interpretação mais arguta da situação de racismo na sociedade. Estabelece relações entre situações de racismo e preconceito vividos na infância e as mudanças percebidas, hoje, na sociedade. Sua análise vai além da vida familiar, para pensar a vida social de forma mais crítica diferente das análises de Marina. Destaco alguns exemplos usados por ela:

> Hoje um negro entra num supermercado e você vê que eles agem de outra forma, sabe. É, às vezes, a gente passa por um cara aí, igual um dia eu desci com uma dona ali. Passamos por um cara bem moreninho, sabe. E ela falou assim: – Nossa Senhora, o tanto que esse menino é moreno. Se tivesse na minha porta, ele já era suspeito. Então, assim, existe na sociedade. Pra gente, a família da gente, às vezes, não existe, mas aí fora existe e muito. Eu acho uma besteira porque a gente hoje lida com o ser humano, um hoje, outro amanhã, a gente vê que não tem nada a ver de cor (Entrevista, 27/08/2012).

Confronta o que ela pensa e como tenta ensinar os filhos e a realidade difícil existente na sociedade:

> Mas a sociedade lá fora, ela hoje age de outra forma. Não é conforme a gente pensa. Mas aí você vai achar que isso é um absurdo. Como pra mim, eu posso achar é um absurdo. Mas existe, entendeu? Existe lá na sociedade. Então como nós podemos consertar a sociedade? O mundo? Não podemos. Sabe, você só pode... tem que pensar... às vezes, você fica chateada, amolada por aquilo ter acontecido, mas você termina tendo que aceitar, porque é coisa da sociedade. Muitas vezes, é a própria sociedade que colabora por aquilo (Entrevista, 27/08/2012).

E sobre como pensa a educação dos filhos, usa a expressão "barrado" para a vivência do racismo e discriminação racial, demonstrando que compreende que, a partir de um fenótipo mais escuro, o seu filho mais velho pode ter problemas maiores de aceitação social.

> Roberta hoje pode ser mais clara, e não ser barrada. Rodrigo como é mais moreno, ser barrado, você entendeu? Mas assim, na minha forma de pensar, isso aí é coisa da sociedade lá fora. Na minha forma de pensar, isso não existe. [...] Mas pra mim, não. Pra mim não, sabe? Igual aqui na porta aqui de casa pode bater um branco e bater um preto que pra mim eles são iguais. Do jeito que eu receber um, eu vou receber o outro (Entrevista, 27/08/2012).

Alice também confirma suas percepções sobre o tratamento desigual entre negros e brancos. Como as demais entrevistadas, vive o conflito de nascer em uma família mestiça, em que o olhar sobre o corpo mestiço segue a ideologia do branqueamento. Contudo, Alice, quando adulta, contrapõe-se aos ensinamentos do pai. Pode-se inferir que a entrevistada deixa perceber no seu discurso a presença de uma leitura afirmativa sobre o "ser negro". A filha mais velha, jovem, parece enfrentar da mesma forma o avô, seguindo os passos da mãe, o que demonstra um interesse em positivar um pertencimento racial. Vejamos os depoimentos sobre a infância de Alice:

> Ah, existia muito assim, era mais. Assim, as pessoas não poderiam, se fosse negro, cê não podia brincar, sabe, tinha aquele preconceito, aquele preconceito né? Que todo mundo fala assim: – Ah, eu não posso brincar não! Porque tem o cabelinho duro, acha que é piolhenta, tinha aqueles negócio, sabe? Das crianças falarem: – Oh, aquele fulano ali é marginal, entendeu? E hoje não. [...] Mas era a cor da pessoa, porque, às vezes, era uma pessoa mais simples, se vestia mais simples (Entrevista, 07/09/2012).

Ela também confirma suas percepções sobre o tratamento desigual entre negros e brancos. Ao questionar se essas situações eram vivenciadas pela sua família, diz:

> É. Meu pai sim, mamãe até que não. Meu pai, o tempo todo. Então cê tinha aquela coisa o tempo todo de falar que: – Ah, eu não gosto de fulano. E ele fala, sabe. Até a Nathália mesmo, voltando na criação dos filhos, chegou a falar assim: – Ah, meu avô não gosta de mim, porque eu sou negra. E isso é errado. Então, ou seja, cê já vem de..., e constantemente ele deixa soltar umas bombas. Eu falo: – **Uai, então o senhor não gosta do senhor mesmo e nem dos seus filhos**, entendeu. E isso é muito sério, porque hoje em dia racismo é **danos morais**, cê chama alguém de neguinho de não sei o quê, e a pessoa tem o direito e tem que pagar mesmo, e eu bato palma pra quem, sabe, leva e tem que levar mesmo. Sabe, eu acho que tem coisa que ninguém tem o direito, sabe? Cê poderia ter nascido azul, mas cê tem que ter **orgulho daquilo que é**. Às vezes cê tem um potencial, o cara tem uma inteligência, que só porque ele é negro? Nada a ver, nada a ver, e muito pelo contrário. Sempre adorei negro, adoro negro. Adoro um negão, adoro. Entendeu. E todo mundo falando que assim: – Ah, cê não gosta de branco. Falei: – Oh, os branco aparece, mas eu não

gosto de branco não, eu gosto de negão, entendeu? Pelo menos eu não sou preconceituosa [risos] (Entrevista, 07/09/2012; grifo meu).

O discurso afirmativo do "ser negra" é construído por Alice na contraposição com a origem mestiça. Ela expressa como a construção da identidade racial afirmativa, na condição de mulher negra, pode se colocar forte na vida dos sujeitos. Essa força a leva a indagar a tensão que se estabelece entre classificação de cor e identidade racial em várias situações, revelando que é possível fazer uma escolha. Ela indaga como a heteroclassificação social se choca com a sua autoclassificação e denuncia os espaços em que o outro tenta lhe impor uma determinada leitura e classificação racial, a despeito da forma como ela vê a si mesma e quer ser nomeada. Dentre as três, Alice é aquela que explicitamente revela que o fato de ser denominada parda não lhe retira o lugar de pertencimento a uma categoria racial maior e mais ampla, a saber: ser mulher negra.

Ao longo do trabalho de campo, ao solicitar às mulheres que falassem sobre o pertencimento racial, foi recorrente ouvir expressões tais como: "O país é uma mistura, a gente é de tudo um pouco" (Marina). "Nem dá pra dizer o que a gente é, às vezes eu mesma nem sei, é tudo mistura e vira uma bagunça" (Vânia). Tais afirmações reforçam duas coisas: a consciência de que não são consideradas e nem se consideram brancas e, ao mesmo tempo, as nuanças e ambiguidades raciais dentro da grande categoria racial "negras". Frutos de mestiçagem, cada uma encontrou o seu lugar de pertencimento étnico-racial dentro dessa grande categoria e uma forma de nomear a si mesmas. Diante das possibilidades identitárias oficiais do censo do IBGE, apresentadas a elas durante essa pesquisa, o ser "parda" foi a forma de classificação que pareceu melhor atender às situações conflituosas e/ou ambíguas que vivenciam diante do seu pertencimento étnico-racial, bem como dos seus filhos e filhas.

As mulheres pesquisadas falam de uma identidade mestiça, presente na sua composição étnica, na história de sua família, na sua aparência e na de seus filhos. A ambiguidade do mestiço não é fruto de características pessoais internas e psicológicas do indivíduo. Alice se afirma negra, contudo, ela assume a presença da mestiçagem na sua família, citando, inclusive, exemplos de pessoas que são loiras de olhos claros. Para ela, o cabelo e a cor da pele são os componentes do corpo que atestam essa mistura. Mas essa ambiguidade do mestiço convive com um projeto de afirmação da identidade negra que, no discurso e na prática, pode ser detectado quando ela educa os filhos. Ao conversar com os filhos, sempre chama a atenção para a beleza negra, para a autoaceitação e para o amor-próprio.

Apesar das ações positivas desenvolvidas por Alice, os filhos manifestam uma não aceitação do "ser negro" e apresentam uma introjeção de representações negativas, construídas historicamente sobre o cabelo e o corpo negro, no contexto do racismo. Percebemos assim que a ambiguidade em torno do seu pertencimento étnico-racial nem sempre é percebida pelo sujeito que as vivencia.

Ainda sobre as questões raciais, Alice relata as conversas com o filho de 11 anos:

> Aí ele: – Oh, mãe, você já viu que, por que que minha gengiva é assim? Aí, eu falei com ele: – Deixa eu te falar uma coisa, cada um tem uma estrutura, entendeu? (Diário de campo, 28/05/2012).

Sobre esse assunto, Alice explica:

> Mas tem negro igual o Victor. Na casa do pai dele, cada um é de uma cor lá, dos avós, né? Tem um, tem dois lá

que é loiro do olho azulzinho, os dois tios que são lindíssimos. Em compensação, os outros são negros, mais negros mesmo. Eu falo que é negro aço, porque é negro do cabelo vermelho. Aí vai mudando, sabe aquelas questões? Você vai ficando mais velha, aí a tendência é de ficar. Aí eu falo assim é mesma coisa na casa do pai dele. A tia tem o cabelo muito liso, o outro tio também. Mais eles já têm aquele problema, a mãe deles já tem o cabelo mais relaxado que é o cabelo tipo o da Sofia, mais eles não admitem. Aí o quê que acontece, rapa o cabelo, o Victor nasceu com o cabelo igual do Rafael, mas sempre usou o cabelo bem raspadinho. Raspavam o cabelo do Victor porque o pai manda. A primeira vez que mandou cortar o cabelo, eu quase morri. No primeiro dia ele falou: – Olha, cortamos o cabelo. Eu falei: – O quê? Mas o Victor já se acostumou com isso, aí o cabelo acabou ficando muito enrolado, porque à medida que você vai passando a máquina, a tendência é ficar mais crespo. Então assim, tem coisas que a gente acha assim, as pessoas falam assim é a própria família, que te discrimina (Diário de campo, 28/05/2012).

Não só o cabelo está em jogo nos questionamentos do filho e na forma do pai lidar com o mesmo. Trata-se de algo maior. Alice nos fala da corporeidade negra e como seu ex-marido e a família de ascendência negra lidam negativamente com essa corporeidade, a ponto de tentar camuflar aquilo que em nossa cultura foi acordado como um dos seus principais sinais: o tipo de cabelo. Sentimentos de proteção do pai em relação ao filho para que o menino ficasse menos sujeito a processos discriminatórios? Negação da identidade negra? Falta de informação sobre a questão? São perguntas que me vêm à mente.

Ainda segundo GOMES (2003):

> O corpo localiza-se em um terreno social conflitivo, uma vez que é tocado pela esfera da subjetividade. Ao longo da história, o corpo se tornou um emblema ét-

nico e sua manipulação tornou-se uma característica cultural marcante para diferentes povos. Ele é um símbolo explorado nas relações de poder e de dominação para classificar e hierarquizar grupos diferentes. O corpo é uma linguagem e a cultura escolheu algumas de suas partes como principais veículos de comunicação. O cabelo é uma delas (GOMES, 2003, p. 174).

Alice, ao refletir sobre si mesma e sua família, produz relatos que não omitem, nem desviam o foco da profunda desigualdade racial existente em nosso país. Parece perceber os impactos do racismo ambíguo existente na sociedade e na vida dos negros e negras brasileiros.

Na esfera privada, dentro de sua família, a mestiçagem traz questionamentos com relação à pele escura com sinais diacríticos mais próximos do padrão estético negro/africano e mais distante da miscigenação brasileira. A forma de educar parece imersa das questões ideológicas que as mulheres pesquisadas, queiram ou não, têm que se haver.

Marina, de outra maneira, expressa um universo em conflito, próprio do mestiço brasileiro. Contudo, vivencia a situação inversa, problematizada por uma amiga negra, que a provoca a refletir sobre a sua própria condição de mestiça e as condições dos seus filhos, cuja tez é mais clara.

A ambiguidade do "ser mestiça", presente no seu próprio corpo, não resulta em uma postura passiva por parte do sujeito ou na simples incorporação do ideal de branqueamento. Pelo contrário, as dúvidas, as oscilações, os desejos e as frustrações têm orientado e confirmado as escolhas educativas das mulheres pesquisadas e as impulsionam nas suas lidas diárias com as crianças. Esse processo complexo tem possibilitado a construção de um olhar sensível em relação aos dramas, dilemas, problemas de autoaceitação vividos pelos filhos e filhas mestiços.

Principalmente os depoimentos de Alice destacam, nas suas conversas com os filhos, a necessidade de autoaceitação do corpo e do cabelo. Ela busca, nesses diálogos, fortalecê-los como sujeitos de família negra que se reconhecem como sujeitos de potencial e beleza. Tanto as meninas como os meninos escutam os conselhos e orientações da mãe, que ocorrem quando aparece uma situação ou uma fala, como uma oportunidade para abordar o assunto em família. O filho de 11 anos, conforme relatado acima, também vive o dilema em relação ao corpo e ao cabelo. Em algumas situações, foi possível vê-la argumentando e tentando convencê-lo a não raspar a cabeça e a realizar cortes no estilo afro, valorizando o comprimento dos fios. Essa situação não é tarefa fácil, pois o pai e a família paterna pressionam o menino a aderir ao estilo do grupo familiar deles.

Ao mesmo tempo em que Alice trabalha essa confirmação identitária com os filhos, ela mesma, ao lidar com o seu próprio cabelo, apresenta relatos sobre a sua dificuldade. Alice é a referência, é a pessoa em quem as meninas buscam um modelo, embora esse processo não se dê apenas com a mãe, mas com todas as pessoas com as quais as crianças e os jovens interagem. Não é possível negar a força da mãe como modelo e aspiração para a autoimagem infantil e juvenil. Assim, a forma como lida com o seu próprio cabelo está intimamente ligada não só ao seu desejo estético, mas à relação entre esse desejo e as múltiplas possibilidades de construção da identidade negra de toda a família.

Sendo assim, partimos do pressuposto de que o cabelo, a autoestima e a identidade negra mantêm uma relação complexa imbricada. Esse tipo de comportamento, como apresentado pela Alice, de questionamento sobre a autoimagem, nos falam de um tipo de processo de "construção racial" que ocorre num misto de aceitação e rejeição do ser negro, do ser mestiço.

Sobre as narrativas das crianças, quando indagadas sobre seu pertencimento racial, temos: Sofia, filha de Alice, que diz: "Acho que eu sou café com leite". Cida, filha de Marina, afirma ser branca, igual à sua tia, irmã da Marina. Ela também demonstra saber que o seu tom de pele é mais claro do que o da melhor amiga que é negra. Roberta, filha de Vânia, informa: "Eu sou assim misturada". A criança aponta para o seu braço.

Durante o trabalho de campo, pode-se perceber que tanto as mães quanto as crianças transitam nesses dois polos e vivem essa ambiguidade em graus diferentes. O discurso e a prática, ora privilegiam a afirmação do ser negro, ora expressam uma rejeição em relação a esse pertencimento ou, pelo menos, uma maneira ambígua de lidar com ele.

Alguns apontamentos a partir dos dados encontrados

Sabe-se que, no Brasil, a naturalização do preconceito e da discriminação racial contribui muitas vezes para a invisibilidade da violência exercida sobre a população negra. Isso acontece em decorrência do mito da democracia racial[47], em

---

47. O mito da democracia racial é um mecanismo ideológico que reproduz as relações raciais cristalizadas, impedindo que ocorra um debate público esclarecido e imparcial sobre o racismo. Em oposição à ideia de um *paraíso racial*, as abordagens reproduzidas pelos sociólogos da Escola Paulista de Sociologia da Universidade de São Paulo fizeram duras críticas, nos anos de 1950, 1960 e 1970, ao pensamento de Gilberto Freyre, denunciando o caráter mercantil e violento das relações sociais sob o cativeiro, desconstruindo a tese da democracia racial. Muitos autores estão estudando esse tema do mito da democracia racial, dentre eles: Munanga, 1998; Candau, 2002; Gonçalves, 2000. Destaco as reflexões de Munanga (1994, p. 21) quando afirma: o mito da democracia racial, baseado na dupla mestiçagem biológica e cultural entre as três raças originárias, tem uma penetração muito profunda na sociedade brasileira: exalta a ideia de convivência harmoniosa entre os indivíduos de todas as camadas sociais e grupos étnicos, permitindo às elites dominantes dissimular as desigualdades e impedindo os membros das comunidades não brancas de terem consciência dos sutis mecanismos de exclusão da qual são vítimas na sociedade. Ou seja, encobre os conflitos raciais, possibilitando a todos se reconhecerem como brasileiros e afastando comunidades subalternas da tomada de consciência de suas características culturais que teriam contribuído na construção e na expressão de uma identidade própria.

certos aspectos, funcionar como um véu sobre a questão racial, dessa forma auxiliando no mascaramento da realidade. Ao se provar através de estudos das relações sociais, a existência de desigualdades em todos os setores marcadamente raciais, entendemos que o mito continua operando, produzindo, até hoje, a ideia de uma sociedade de iguais oportunidades, sem distinção de cor. Esse imaginário se fez presente nas narrativas das entrevistadas.

Valendo-me do ponto de vista do mito da democracia racial, é possível pensar que, dada a nossa intensa miscigenação, a coexistência de diferentes padrões estéticos é algo possível e aceitável. Contudo, a realidade encoberta é a de que, no Brasil, convivemos com um racismo ambíguo, que alimenta e reproduz de maneiras diversas a imposição do padrão estético branco e mestiço em detrimento do negro. Há uma hierarquia estética introjetada pelos próprios negros. Partimos do pressuposto de que o cabelo, a autoestima e a identidade negra mantêm uma relação complexa e imbricada; portanto, o comportamento desses filhos – crianças e jovens participantes da pesquisa – ainda suscitam mais questões.

Esse tipo de comportamento, de questionamento sobre a autoimagem, fala-nos de um tipo de processo de "construção racial", que ocorre num misto de aceitação e rejeição do ser negro, do ser mestiço (GOMES, 2006). A rejeição do corpo negro, dos traços que identificam o mestiço como negro, condiciona até mesmo a esfera da afetividade e toca em questões existenciais profundas: a escolha do/da parceiro/parceira, a aparência dos/das filhos/filhas que se deseja ter. Os depoimentos relatados nos colocam diante de casos que, embora elas digam que não fazem parte direta de suas vidas, mexem com elas; e não é à toa que trazem esses relatos. Estamos diante de uma rejeição que se projeta para o futuro, nos descendentes que poderão vir (GOMES, 2006, p. 140).

Quanto aos filhos, esse processo conflitivo é construído socialmente, vivido e aprendido no grupo, na família. Por isso, mesmo quando se nasce em uma família que afirma e valoriza a cultura negra, esse aprendizado pode ser confrontado socialmente pela imagem do negro veiculada na mídia ou pela maneira como lideranças e artistas negros, quando em evidência, comportam-se diante da questão racial ou expressam a negritude através do seu corpo (GOMES, 2006, p. 140). Mas o que realmente caracteriza esse conflito? Não é só a construção de um sentimento de rejeição ao corpo, ao cabelo, aos sinais diacríticos e aos aspectos culturais negros; marca a presença de uma tensão, de um sentimento ambíguo que, ao mesmo tempo em que rejeita, também aceita esse mesmo corpo, esse mesmo cabelo, essa mesma cultura (p. 141).

O processo tenso e conflituoso de rejeição/aceitação do ser negro é construído social e historicamente e permeia a vida desse sujeito em todos os seus ciclos de desenvolvimento humano: infância, adolescência, juventude e vida adulta. A inserção e circulação do negro, da negra e dos mestiços nos espaços sociais podem contribuir para o repensar dessa situação, para a problematização e para o enfrentamento desse conflito. Um desses espaços é a própria família e a escola. Durante o trabalho de campo, pôde-se perceber que tanto as mães quanto as crianças transitam nesses dois polos e vivem essa ambiguidade em graus diferentes. O seu discurso e a sua prática, ora privilegiam a afirmação do ser negro, ora expressam uma rejeição em relação a esse pertencimento ou, pelo menos, uma maneira ambígua de lidar com ele.

Esse movimento revela que tanto a aceitação do ser negro quanto a rejeição não se dão apenas na esfera da racionalidade. No Brasil, tal como as relações raciais aqui se realizam, a expressão desse conflito passa, necessariamente, pelo corpo. Apesar do seu caráter específico no que se refere à construção da identidade negra no Brasil, o movimento de rejeição/aceitação construído socialmente pelo negro insere-se ainda em um universo mais amplo, que inclui dimensões históricas, sociais, culturais, políticas e psicológicas, constituindo-se em relações de aproximação e afastamento, nas quais coexistem atitudes opostas. O racismo faz parte de uma racionalização ideológica que constrói e advoga não só a existência de uma distância social e cultural entre negros e brancos, mas também biológica. Para isso, lança mão de símbolos distintos oferecidos pela própria organização social, a fim de cristalizar grupos e indivíduos no seu "devido lugar" e legitimar essa distância. Assim, atribui-se um sentido negativo às diferenças culturais, físicas, estéticas como as crenças, a arte, o corpo, a cor da pele, o tipo de cabelo, entre outros elementos. Esse processo insidioso, muitas das vezes, é incorporado pelas próprias vítimas, que passam a acreditar na existência de algo natural nesse distanciamento.

Os negros, que são social e psicologicamente convencidos dessa suposta realidade, desenvolvem estratégias que acreditam aproximá-los da posição socialmente desejável. Manipular e alterar os símbolos ideologicamente vistos como expressões do seu suposto afastamento social e biológico do polo de poder, do padrão de beleza e de humanidade são tarefas implementadas pelos sujeitos que caem nessa armadilha (GOMES, 2006). No caso, o corpo e o cabelo podem ser tomados como expressão visível da alocação dos sujeitos nos diferentes polos sociais e raciais. Por isso, para alguns a manipulação do corpo e do cabelo pode ter o sentido de aproximação do polo branco e de afastamento do polo do negro.

No entanto, no processo da pesquisa de campo, entendo que a constituição identitária dessas famílias trata-se de algo mais complexo, que não pode ser vista simplesmente como um processo de negação da identidade, uma vez que os sujeitos com os quais convivi em campo, por meio dos seus discursos e comportamentos, expressam de diferentes maneiras e de graus variados que se sabem mestiços; ou seja, que se reconhecem na mistura entre brancos e negros. Nesse sentido, não se pode dizer que há uma negação de sua pertença negra, mas, sim, que há uma situação conflituosa de lidar com ela nas relações miscigenadas. Esse reconhecimento foi sentido por mim, nos depoimentos de Marina e Vânia. Por isso, a autoclassificação como parda parece responder melhor a ambas, quando falam de si mesmas e de seu pertencimento étnico-racial, muito mais do que a autoafirmação como mulheres negras. Esses sujeitos convivem com o olhar social, construído historicamente, que os compara com o padrão estético do branco, ainda considerado o ideal. Ao fazer essa comparação, a sociedade brasileira constrói uma hierarquia em termos étnicos e estéticos, minimizando e desprezando os negros por considerá-los distantes do padrão ideal (GOMES, 2006, p. 144).

Alice, em vários momentos da pesquisa, reafirma uma postura de positivação da identidade negra dos filhos e filhas. Quando a sociedade brasileira olha para o negro, para a negra e para os mestiços e os destitui do lugar da beleza, afirma uma determinada proposição, um julgamento em relação ao negro e sua pertinência étnico/racial que pode ou não ser internalizada pelo sujeito. Contraditoriamente, ao tentar destituí-los do lugar da beleza, essa mesma sociedade reconhece-os como negros, uma vez que, para se rejeitar, é preciso antes reconhecer. Isso ocorre inclusive com os sujeitos mestiços. Esse processo, vivido num nível mais amplo e mais geral, se reproduz num plano mais íntimo e mais profundo, ou seja, na intimidade e na construção da subjetividade dos sujeitos (GOMES, 2006).

Sabemos sobre a inserção do negro e do mestiço em nossa sociedade, que desde a escravidão até os dias atuais, reconhecemos que estamos inseridos em relações assimétricas e de poder em que os brancos dominam os meios de produção, a mídia, os lugares de poder, a informação, a escolarização. Por mais que a comunidade negra desenvolva, historicamente, estratégias de resistência e de combate ao racismo e à discriminação racial, admitimos que a formulação de um olhar "desencontrado" do negro em relação a si mesmo, à sua raça e à sua cultura invade os espaços sociais frequentemente por esse sujeito, o que implica para o negro e para a negra uma aceitação parcial do conteúdo da proposição racista e a rejeição à história inscrita no seu corpo. E mais, esse processo pode resultar na rejeição de elementos do corpo que passaram a ser considerados como os que mais atestam o pertencimento à raça negra. Desses, os principais são a cor da pele e o cabelo.

O racismo, com sua ênfase na superioridade racial, ajuda a construir no imaginário social a crença de que é possível hierarquizar os sujeitos e seus corpos. Nessa perspectiva, o negro e o mestiço são vistos como pertencentes a uma escala inferior. Produz-se, nesse contexto, um tipo de violência que impregna a vida de suas próprias vítimas, a ponto de se constituírem em representações negativas do negro e do mestiço sobre si mesmo e seu grupo étnico/racial. Dessa forma, a violência racista apresenta não somente consequências sociais, econômicas e políticas, mas, sobretudo psíquicas. Toca no delicado campo das escolhas afetivo/sexuais, do desejo e da identidade (GOMES, 2006, p. 149).

O conflito rejeição/aceitação do ser negro, evidenciado, não é uma característica da atualidade, acompanha o processo histórico brasileiro, marcado pela escravidão, e a influência desta na conformação do tipo de racismo que vivemos na contemporaneidade. A força da escravidão e das representações negativas forjadas durante esse processo deixou marcas profundas e negativas na identidade do negro brasileiro e na representação social em torno de sua raça. Esse é um processo que também afeta brancos e mestiços brasileiros.

As representações socais sobre a inferioridade dos negros foram se reformulando e se refinando no decorrer do processo histórico. Dito de outra forma, tais representações foram se metamorfoseando no decorrer da história: de incapacidade moral à incapacidade física e intelectual; de sexualidade exacerbada ao mito da mulata sensual. Fazem parte, portanto, de uma ideologia da escravidão que, a despeito do momento histórico em que foi formulada, possui força duradoura e, no Brasil, tem sido reforçada pela baixa condição social e econômica na qual se encontra a maioria dos negros desde a Abolição. A não integração do negro na sociedade brasileira após a Abolição pode ser considerada como um dos fatores que ajudou a alimentar essas imagens distorcidas.

A maior complexidade é que tais imagens sociais negativas, construídas sobre os negros, ao sofrerem um processo de refinamento, passam a fazer parte da subjetividade de negros, mestiços e brancos. Assim, não é preciso a comprovação social de que um negro é pobre. Geralmente, quando as pessoas têm contato com um negro, imagina-se *a priori* que ele possui baixa condição econômica e social porque é um negro. Da mesma forma, embora atualmente se negue o discurso de baixa intelectualidade dos negros, as pessoas ainda se admiram quando veem um homem ou uma mulher negra se destacar entre a intelectualidade brasileira. Ou seja, um negro integrado socialmente é ainda visto como alguém fora do seu lugar, pois ainda há uma expectativa social, introjetada em nosso imaginário, de que o único lugar que lhe pertence é o de "coisa", de negação da subjetividade e, mais ainda, de não humanidade, imposto pela Escravidão. Contudo, é preciso ponderar que a identidade parda e/ou negra no Brasil é perpassada por um discurso hegemônico sobre as questões raciais no país, que insiste em colocar o negro e/ou o pardo num lugar de subalternidade na hierarquia social.

Considerações indicativas
Considerando que a família exerce grande influência na transmissão de valores e crenças a respeito dos grupos raciais, de maneira implícita ou explícita, entendemos, tal qual foi problematizado por Cavalleiro (2003), que os familiares, fonte de socialização, reforçam normas e monitoram comportamentos em relação aos grupos. No que diz respeito à formação mais ampla das crianças para o convívio social, como parte integrante dessa sociedade, a criança aprenderá atitudes em relação ao seu e a outros grupos raciais representativos, os quais são sustentados pela família e pela sociedade mais ampla. Aprenderá de qual grupo racial é integrante e disso derivará parte de sua identidade social. É também na família que a criança poderá adquirir preconceitos raciais contra o outro ou contra si mesma. O preconceito racial e o racismo são aprendidos em sociedade e, por conseguinte, na família, por gestos, palavras, atitudes cotidianas e, em geral, dos mais velhos para os mais jovens (CAVALLEIRO, 2003, p. 16).

Considerando que a organização da nossa sociedade conta com mecanismos estruturados de discriminação social presentes nos mais diversos fatores que colaboram para a socialização da criança, tais como: a família, a escola, os pares, a igreja, os meios de comunicação, dentre outros, as famílias estão realizando a mediação da criança com a sociedade, podendo proporcionar-lhe aprendizagens que enfatizam as hierarquias entre os grupos raciais ou não, ou seja, podendo contribuir ou não para a propagação de valores, crenças e comportamentos racistas e sexistas às futuras gerações.

Conforme observado no processo da pesquisa de campo, a constituição identitária dessas famílias é algo mais complexo, que não pode ser visto apenas como uma negação da identidade. Os sujeitos com os quais convivi em campo, por meio dos seus discursos e comportamentos, expressam de diferentes maneiras, e em graus variados, que se sabem mestiços; ou seja, que se reconhecem na mistura entre brancos e negros. Nesse sentido, não se pode dizer que há uma negação de sua pertença negra, mas uma situação conflituosa ao lidar com ela nas relações miscigenadas.

As famílias estudadas são protagonistas de histórias peculiares, marcadas pela interseccionalidade de eixos de subordinação como gênero, classe e raça. O trabalho de campo nos mostrou que a forma como essas mulheres se veem como mães e como mulheres que possuem um pertencimento racial apresenta consequência direta nos tipos de relações estabelecidas com os filhos e filhas. Esse processo foi perceptível nas suas ações observadas durante os meses de trabalho de campo, e não necessariamente apenas nos discursos.

Na educação das crianças pesquisadas é possível notar manifestações de forte ruptura com o modo como foram criadas. Contudo, em alguns momentos, nota-se a perpetuação do padrão de comportamento e de reprodução das assimetrias de gênero na educação das crianças pesquisadas. Foi destacado, nos relatos sobre a infância, as diferenças dos gêneros, as desigualdades de oportunidades, os lugares previstos para meninas/meninos, mulheres/homens. Fazer-se menina/mulher nas concepções das mães e pais das mulheres adultas pesquisadas é uma visão que está ancorada àquela da "essência feminina", de que tudo já vem "dado" e é "natural". Tais concepções são traduzidas em conselhos, discursos e ações para que a menina seja meiga, educada, sensível, cordata. Percebe-se que as três mulheres participantes da pesquisa receberam uma educação disciplinadora, na qual foram preparadas para assumir lugares que as aguardava no futuro; ou seja, os de boas esposas, mães, donas de casa.

No decorrer do trabalho de campo, notou-se que cada uma das mulheres, a seu modo, se revelou incansável na sua luta pela sobrevivência e pela construção de estratégias para dar aos filhos e filhas condições de vida melhores do que aquelas que viveram na infância.

Ainda, foi possível concluir que as formas como as mulheres pesquisadas constroem suas identidades e colaboram nos processos educativos dos filhos, do ponto de vista étnico-racial e de gênero, fazem parte de um cenário complexo, que não poderia ser traduzido aqui senão por uma imagem em movimento; ou seja, ora as mulheres indagam um lugar de negatividade, ora reforçam discursos e posturas estereotipadas e, ainda, apresentam momentos de ruptura e ressignificação numa tentativa de produzir outras imagens de si mesmas e dos/as filhos/as e construir perspectivas positivas de futuro para as crianças.

Referências

ADORNO, S. A experiência precoce de punição. In: MARTINS, J.S. (org.). **O massacre dos inocentes: a criança sem infância no Brasil.** São Paulo: Rucitec, 1993, p. 181-209.

ARROYO, M. **Ofício de mestre: imagens e autoimagens.** Petrópolis: Vozes, 2000.

CANDAU, V.M. (org.). **Sociedade, educação e cultura(s): questões e propostas.** Petrópolis: Vozes, 2002.

CAVALLEIRO, E. **Do silêncio do lar ao silêncio escolar: racismo, preconceito e discriminação na Educação Infantil.** São Paulo: Contexto, 2003.

CRENSHAW, K. Documento para o encontro de especialistas em aspectos da discriminação racial relativos ao gênero. **Estudos Feministas,** Florianópolis, v. 7, n. 12, 2002, p. 171-188.

FAZZI, R.C. **O drama racial de crianças brasileiras: socialização entre pares e preconceito.** Belo Horizonte: Autêntica, 2004.

FERREIRA, M. Criança tem voz própria. **Portugal: a página da Educação,** Porto, ano 11, n. 117, p. 35, nov./2002.

GOMES, N.L. et al. Educação, identidade negra e formação de professores/as: um olhar sobre o corpo negro e o cabelo crespo. **Educ. Pesquisa,** São Paulo, v. 29, n. 1, jun./2003.

GOMES, N.L. et al. **Identidades e corporeidades negras: reflexões sobre uma experiência de formação de professores(as) para a diversidade étnico-racial.** Belo Horizonte: Autêntica, 2006a.

GOMES, N.L. et al. **Sem perder a raiz: corpo e cabelo como símbolos da identidade negra.** São Paulo: Autêntica, 2006b.

GONÇALVES, L.A. **O silêncio: um ritual pedagógico a favor da discriminação racial – Um estudo acerca da discrimina-**

ção racial como fator de seletividade na escola pública de Primeiro Grau (1ª a 4ª série). Dissertação de mestrado. Belo Horizonte: Universidade Federal de Minas Gerais/Faculdade de Educação, Belo Horizonte, 1985.

GONÇALVES, L.A.O.; GONÇALVES E SILVA, P.B. Movimento negro e educação. **Revista Brasileira de Educação**, Rio de Janeiro, n. 15, 2000, p. 134-158.

HILL COLLINS, P. **Black feminist thought: knowledge consciousness and the politics of empowerment**. 2. ed. Nova York: Routledge, 2000.

HIRATA, H.; KERGOAT, D. Novas Configurações da Divisão Sexual do Trabalho. **Cadernos de Pesquisa**, v. 37, n. 132, set.- -dez./2007, p. 595-609.

MUNANGA, K. Identidade, cidadania e democracia: algumas reflexões sobre discursos antirracistas no Brasil. In: SPINK, M.J.P. (org.). **A cidadania em construção**. São Paulo: Cortez, 1994.

MUNANGA, K. Teoria sobre o racismo. In: HASENBALG, C.A.; MUNANGA, K.; SCHWARCZ, L.M. **Estudos & Pesquisas – Racismo: perspectivas para um estudo contextualizado da sociedade brasileira**. Rio de Janeiro: Eduff, 1998, p. 43-65.

NEVES, L.A. Memória, história e sujeito: substratos da identidade. **Revista da Associação Brasileira de História Oral**, n. 3, jul./2000.

SARTI. C. **A família como espelho: um estudo sobre a moral dos pobres**. 2. ed. rev. São Paulo: Cortez, 2003.

SORJ, B.; FONTES, A.; MACHADO, D.C. Políticas e práticas de conciliação entre família e trabalho no brasil. **Cadernos de Pesquisa**, São Paulo, v. 37, n. 132, p. 573-594, set.-dez./2007.

Sobre as autoras e os autores

Ademilson de Sousa Soares
Professor da Faculdade de Educação da Universidade de Minas Gerais no Departamento de Administração Escolar. Professor do Programa de Pós-graduação em Educação Conhecimento e Inclusão Escolar da FAE/UFMG. Integrante do Núcleo de Estudos e Pesquisas sobre Infância e Educação Infantil (Nepei/FaE/UFMG); e do Grupo de Estudos Filosofia e Formação inicial e Continuada de Docentes para Crianças, Infância e Educação Infantil – Fificon-Ciei (FaE/UFMG).

Aline Neves Rodrigues Alves
Doutoranda e mestre em Educação/FaE-UFMG, formada em Geografia (Licenciatura)/IGC-UFMG e docente na Rede Municipal de Educação de Belo Horizonte. Integra o Grupo de Pesquisa Infâncias e Educação: concepções e práticas no Ensino Fundamental de Tempo Integral (CNPq), também o Núcleo de Estudos e Pesquisas sobre Relações Étnico-Raciais e Ações Afirmativas (Nera-CNPq), o Programa Ações Afirmativas na UFMG e a Rede de Geógrafos/as Negros/as do Brasil. É fundadora do Grupo de Trabalho Geografias em Perspectivas Negras/GT Gepene pela Associação de Geógrafos/as Brasileiros/as – AGB/Seção Belo Horizonte. E coordenadora do Grupo de Estudos Ações Afirmativas (Geaa) na UFMG e, desde 2014, do Ciclo Permanente de Estudos e Debates sobre a Educação Básica (Siex-UFMG).

Lisa Minelli Feital

Doutoranda em Educação na Linha de Pesquisa Infância e Educação Infantil no Programa de Pós-graduação em Educação Conhecimento e Inclusão Social da Faculdade de Educação da UFMG. Mestre em Educação pela FaE/UFMG. Especialista em Práticas de Letramento e Alfabetização – UFSJ. Especialista em Educação Infantil – FaE/UFMG. Especialista em Inspeção Escolar – Ferlagos/RJ. Integrante do Núcleo de Estudos e Pesquisas sobre Infância e Educação Infantil (Nepei/FaE/UFMG; do Grupo de estudos Filosofia e formação inicial e continuada de docentes para crianças infância e Educação Infantil – Fificon-CIEI (FaE/UFMG); e do Grupo Ações Afirmativas (FaE/UFMG). Professora da Educação Infantil na Rede Municipal de Educação de Belo Horizonte.

Maria Goreth Costa Herédia Luz

Professora da Educação Básica da Rede Municipal de Contagem e da Rede Estadual de Minas Gerais. Graduada em História/PUC-Minas, Especialista em Ciências da Religião/UEMG – Rainha Perpétua do Reinado de Nossa Senhora do Rosário da Comunidade Quilombola dos Arturos, Contagem.

Patrícia Maria de Souza Santana

Professora da Rede Municipal de Educação de Belo Horizonte, professora visitante do Mestrado Profissional Educação e Docência da Faculdade de Educação da UFMG, doutora em educação pela UFMG. Integrante do Núcleo Gestor Ações Afirmativas na UFMG, pesquisadora das relações raciais e educação, educação quilombola e infâncias negras.

Regina Lúcia Couto de Melo
Integrante do Fórum Mineiro de Educação Infantil (Fmei) e do Programa Ações Afirmativa na UFMG; mestre em Educação pela FAE/UFMG (2016).

Ridalvo Félix de Araújo
Doutor em Teoria da Literatura e Literatura Comparada pelo Programa de Pós-Graduação em Letras: Estudos Literários da UFMG. É professor-orientador/coordenador do Núcleo de Pesquisas em Raças, Gêneros e Performances (Nupergepe), vinculado ao Coletivo/Cia. Artístico Erês – Mensageiras dos Ventos/ Belo Horizonte, diretor da Zeladora de Audiovisual Butukas de Erês, diretor artístico do grupo musical Os Mavambos, regente do grupo de tradição afrobrasileira Samba de Coco Coquistas de Tia Toinha e professor do Cefet – Contagem.

Tânia Aretuza Ambrizi Gebara
Doutora em Educação pela Universidade Federal de Minas Gerais. Docente do Centro Pedagógico da Escola de Educação Básica e Profissional da UFMG. Professora pesquisadora do Núcleo de Estudos e Pesquisas sobre Relações Étnico-Raciais e Ações Afirmativas (Nera/UFMG) e do Núcleo de Estudos e Pesquisas em Educação Infantil e Infância (Nepei/UFMG). Líder do grupo de pesquisa no CNPq: Infâncias e Educação: concepções e práticas no Ensino Fundamental de tempo integral. Docente do Mestrado Profissional em Educação e Docência – PROMESTRE/ FaE/UFMG – Linha de Pesquisa: Infâncias e Educação Infantil.

Yone Maria Gonzaga
Doutora e mestra em Educação pela Faculdade de Educação da UFMG, Professora-colaboradora do Mestrado Profissio-

nal Educação e Docência da Faculdade de Educação/UFMG. Professora-orientadora do Curso Maestria Estado, Gobierno y Políticas Públicas da Flacso/Brasil. Membro do grupo de pesquisa no CNPq: Infâncias e Educação: concepções e práticas no Ensino Fundamental de tempo integral, Membro do Núcleo Gestor do Programa Ações Afirmativas na UFMG. Desenvolve pesquisas e atividades formativas para gestores, docentes e comissões de heteroidentificação racial para concursos, focando principalmente, nos seguintes temas: diversidade, relações étnico-raciais, políticas públicas e Direitos Humanos. CEO da Gonzaga Consultoria – especializada em Educação para as Relações Étnico-Raciais e de Gênero.

Conecte-se conosco:

 facebook.com/editoravozes

 @editoravozes

 @editora_vozes

 youtube.com/editoravozes

+55 24 2233-9033

www.vozes.com.br

Conheça nossas lojas:

www.livrariavozes.com.br

Belo Horizonte – Brasília – Campinas – Cuiabá – Curitiba
Fortaleza – Juiz de Fora – Petrópolis – Recife – São Paulo

  Vozes de Bolso

EDITORA VOZES LTDA.
Rua Frei Luís, 100 – Centro – Cep 25689-900 – Petrópolis, RJ
Tel.: (24) 2233-9000 – E-mail: vendas@vozes.com.br